国家社会科学基金青年项目
模块化创新推动中国制造业升级的机制与路径研究
（13CJY058）

西北大学"双一流"建设项目资助
Sponsored by First—class Universities and Academic
Programs of Northwest University

国家社科基金丛书
GUOJIA SHEKE JIJIN CONGSHU

模块化创新推动中国
制造业升级的机制与路径

Mechanism and Path of Modularized Innovation to Promote
the Upgrading of Chinese Manufacturing Industry

白嘉 著

人民出版社

序

    1978年,弗洛贝尔(Frobel)在"新的国际分工"一文中指出,20世纪60年代以来的国际分工与此前旧的国际分工完全不同。旧的国际分工是极少数工业化国家从事工业生产,其他绝大多数欠发达国家为前者提供原材料;新的国际分工则是跨国公司将劳动密集型生产阶段从工业国家向欠发达国家转移。世界经济体系的联系方式也由此发生了重大变化,从"贸易"转向"生产"。当今我们所讨论的新型国际分工通常强调产品内分工的作用,新型国际分工的本质特征就是全球性的产品内分工网络的形成。这一特征反映到国际贸易上,就表现为产品内贸易在国际贸易中占有日益重要的地位。

    新型国际分工之所以产生,除了技术进步降低了运输成本,发展中国家拥有丰富的廉价劳动力等原因外,还有就是技术进步使复杂产品的生产过程可以分解。产品内分工的比较优势、规模经济、运输成本、贸易自由化程度等多种因素要发挥作用,都必须以技术上的可分离性为前提。模块化为这种分离创造了条件,而且大大降低了"一般交易成本"。

    产品内分工要以生产过程中的不同工序、不同环节在空间上的可分离性为前提。要把产品生产过程分布到不同国家,首先需要这一生产过程在技术上可以被分解,并且不同工序可以分布到不同空间区位。在其他条件给定时,不同生产区段的可分离性越大,产品内分工的潜在可能性和实现强度就越大。可分离性主要由生产过程的技术属性决定。在模块化布局下,企业生产某一产品时,无须再把所有的工序集中在一家工厂,而是可以把每个工序加以适宜的分割,组成企业间的生产网络,取得高效率配合。企业间的关系不再局限于交易双方保持一定距离的贸易关系或者以出资方式在资产基础上联系起来,而是形成了包括技术合作、原始设备制造、原始设计制造等中间形态在内的多样化分工合作关系。

随着外国直接投资特别是跨国品牌制造商以及全球供应商的进入,全球制造业产业链在中国的布局日益系统化,并推动了中国制造业的升级。中国制造业虽有规模和成本上的优势,但在全球制造业分工体系中仍处于中低端地位,虽然参与产品内国际分工的程度不断提高,但总体上仍处于垂直分工的劳动密集型加工制造环节,尚未真正掌握核心价值模块,在核心技术和部件上受制于国际品牌制造商和全球供应商。制造业产业链模块化的新特征通过改变产业内企业间的关系,影响市场竞争格局、不同企业的竞争力内涵以及企业的竞争层级。优胜劣汰的市场竞争结果在模块化生产组织方式下更加突出,对在全球竞争中总体上不具有主导权的中国制造企业而言,如何适应模块化竞争环境的变化,并根据自身特点,选择有利的竞争路径和策略以顺利实现产业升级,是中国制造企业面临的严峻挑战。

中国是一个发展中国家,其产业升级尤其是制造业升级带有明显的追赶型特征。面对发达国家处于产业链高端,跨国生产网络已经形成的格局,中国如何才能尽快达到追赶的目标?中国当然不能割断与全球产业网络的联系,而是必须嵌入全球产业网络之中去,但仅凭这种嵌入并不一定能使中国完成产业升级的任务。要实现经济发展方式的转变,就必须通过后开放式创新推动产业升级,打破模块化给中国产业升级带来的束缚,摆脱产品建构和再集成的双重陷阱,最终形成创新驱动发展的成熟机制。

一部学术专著不可能面面俱到,就模块化创新与制造业升级这一主题而言,一些问题仍需深入研究。书中肯定存在若干不足之处,恳请各位读者不吝赐教。

白　嘉

2021 年 8 月 15 日于西北大学长安校区

目　　录

前　　言

　　模块化作为一种复杂系统的设计原理,不仅在微观层面对企业技术能力提升、产品更新换代和组织结构调整具有重要启示,而且在中观和宏观层面对产业创新能力提升和产业升级具有一定的现实意义。模块化创新与制造业升级之间存在一定的关联,理解二者的本质关系有利于探讨中国参与模块化分工所面临的困难及出路,提出模块化分工背景下中国制造业突破中低端锁定局面,实现向价值链高附加值环节攀升的机制与路径。

　　为了构建和提出模块化创新推动中国制造业升级的机制与路径,主要开展以下研究:第一,对中国制造业参与模块化分工的技术溢出效应进行经验检验,考证模块化分工水平与研发投入、研发产出的关系;第二,对中国制造业参与模块化分工的效率提升效应进行经验检验,考证模块化分工水平与行业全要素生产率、技术效率、技术进步、规模效率的关系;第三,构建模块化创新推动中国制造业升级的微观机制、中观机制、宏观机制;第四,从产品建构和再集成两个方面分析中国制造业升级面临的困境,进而提出模块化创新推动中国制造业升级的五种并行路径。

　　研究得出的主要结论为:第一,中国制造业参与模块化分工对全要素生产率和技术进步具有促进作用,但是对技术效率和规模效率具有阻碍作用。第二,中国参与模块化分工获得了一定的技术溢出,促进了制造业技术创新能力的提升,然而参与模块化分工在一定程度上抑制了国内制造业对研发活动的投入,形成了资源配置的"挤出效应"。第三,模块化创新推动中国制造业升级的微观机制为知识分工、组织重构和要素整合,中观机制为模块创新、标准竞争和集群演化,宏观机制为开放创新和逆向创新。第四,模块化创新推动中国制造业升级的五种并行路径分别为遵循比较优势演化规律,获取产品建构优势,利用再集成实现价值链高端嵌入,强化"外围—核心—系统—核心"的突破创新,培育旗舰型模块集成商。

导　　论

20世纪70年代以来,产品内国际分工体系催生了模块化价值网络,创新成为复杂系统的一种内在机制,模块化设计显著降低了隐性知识学习成本,提高了创新频率,使计算机、汽车、数码等产业成为模块化创新的前沿阵地。中国制造业能否在相关产业链实现向高附加值环节的攀升,关键在于把握模块化国际分工的契机,探索模块化创新推动产业升级的机制与路径。

第一节　研究意义

研究的理论意义主要是对模块化与创新的关系,模块化创新与产业升级的关系,模块化分工水平与生产率、技术能力提升的关系,以及模块化创新机制进行理论与实证分析。现实意义主要是对中国制造业参与模块化分工网络的困境与出路进行探讨,提出模块化分工背景下中国制造业突破中低端锁定局面,实现向价值链高附加值环节攀升的升级路径。

一、理论意义

第一,充分考证模块化分工与产业技术创新之间的关系。通过模块化分工的技术溢出效应和效率提升效应的经验研究来检验中国参与模块化分工网络是否真正促进了产业技术创新。以往研究对垂直专业化分工的技术溢出效应、垂直专业化分工对内资企业的技术溢出等问题进行了经验检验,但是模块化分工在概念上不同于垂直专业化分工,因此有必要采用更适用于模块化分工程度的测算方法,而非直接采用垂直专业化分工程度的测算方法。此外,模块化分工与产业技术创新的关系不仅包括模块化分工对创新投入、创新产出的影响这一类技术溢出问题,还包括模块化分工对行业生产率的影响,特别是要考证模块化分工是否产生了产业层面的技术溢出,企业是否通过吸收技术溢出而提升了创新能力,进而形成了能够贡献于生产率的技术能力。

第二,构建模块化创新推动制造业升级的机制。现有研究对于模块化与创新的关系、模块化分工网络中的创新机制、模块化分工视角下技术创新与产业升级的关系等问题进行了探讨。产业升级依赖于不同层面模块化创新机制的构建和运行,在模块化分工深化背景下,模块化创新推动制造业升级的机制分析实际上是对技术创新与产业升级的关系的深入探讨。

二、现实意义

第一,验证模块化分工对创新投入、创新产出的影响。模块化分工对产业创新具有双重效应。中国参与模块化分工网络获得了一定的正向技术溢出,促进了制造业技术创新能力的提升。模块化分工程度的加深有利于代工企业在产品技术和工艺流程上吸收新知识,提高生产效率和产品质量。然而,参与模块化分工也产生了负向技术溢出,在一定程度上抑制了国内制造业对研发活动的经费投入和人员投入,形成了资源配置的"挤出效应",相当于创新资源从创新系统中流失了。

第二,提出从模块化分工到制造业升级的实现路径。关注中国制造业升级路径的研究不在少数,其中不乏从模块化视角提出的中国制造业升级路径选择,但是存在两个问题。首先,现有研究提出的模块化视角下制造业升级路径比较单一,并没有形成系统路径或并行路径。其次,现有研究对模块化分工深化、技术演化与模块企业角色转变的关系的关注不足,因而极少从这一类视角提出中国参与模块化分工能够推进制造业升级的路径。基于以上这两个问题,不但要论证如何选择从模块化分工到制造业升级的并行路径,而且要顾及再集成的强化、系统集成商影响力的扩大、外围模块供应商的成长等模块化分工网络出现的新动态对产业升级路径选择的影响。

第二节　研究内容与研究方法

一、研究内容

第一,模块化分工的技术溢出效应。在对模块化分工的技术溢出效应进行经验研究时,采用工业增加值份额来表征模块化分工的生产组织方式,以便进行模型设定和变量选取。以模块化分工水平为核心解释变量,分别以研发投入和研发产出为被解释变量,采用 27 个制造业行业面板数据进行回归分析,对模块化分工的技术溢出效应进行检验。此外,为了进一步区分技术创新的层次,以加工贸易出口比重为核心解释变量,分别以发明、实用新型和外观设计三种专利申请授权数为被解释变量,采用 30 个省(自治区、直辖市)的省级面板数据进行回归分析,对模块化分工带来的产业技术创新能力的层次进行检验。

第二,模块化分工的效率提升效应。采用 27 个制造业行业面板数据,运用曼奎斯特(Malmquist)指数对行业全要素生产率及其分解进行测算。以模块化分工水平为解释变量,采用工业增加值份额来表征模块化分工水平,分别运用差分广义矩估计(Generalized Method of Moments, GMM)和系统广义矩估计方法分析模块化分工水平与全要素生产率、技术效率、技术进步、规模效率之间的关系,同时选择竞争程度、市场势力、政府支持、金融支持、对外开放度为控制变量,以便对模块化分工的效率提升作用进行验证。

第三,模块化创新的微观机制。模块化创新推动制造业升级的微观机制主要包括知识分工、组织重构和要素整合。模块化分工是一个模块化系统区分于另一个模块化系统的基础,也是最终利益分配的重要参照,其本质为知识分工。组织重构反映了技术模块化和产品模块化在组织层面的引致效应,即技术模块化和产品模块化引致了组织模块化,在组织层面通过建立项目小组来承担相应模块的研究与开发任务,镜像假设对这种映射关系进行了描述,组织模块化不可避免地成为模块化外延的重要组成部分,也成为模块化创新的一种组织保障。要素整合融合了产业视角和空间视角,集中体现了不同产业、不同地区模块企业之间的分工协作方式和模块化生产网络的结构形式。

第四,模块化创新的中观机制。模块化创新推动制造业升级的中观机制主要包括模块创新、标准竞争和集群演化。其中,模块创新和标准竞争属于产业视角的模块化创新机制。产业标准的制定有助于实现产业内的规模经济和范围经济,同时降低行业内的交易成本,减少重复劳动。标准化为模块化提供了产品设计的技术基础,而模块化过程中的知识创新和技术创新推动了标准化。集群演化属于空间视角的模块化创新机制,在模块化产业集群的演化进程中,垂直专业化生产组织模式下的企业边界是动态的、模糊的,企业边界和业务范围会根据环境变化在整合与外包之间不断调整,以便达到一体化与专业化之间的动态均衡,从而实现企业能力的持续进化,最终完成模块化产业集群的演化。

第五,模块化创新的宏观机制。在模块化分工背景下,宏观层面的创新机制是开放创新和逆向创新,把开放创新和逆向创新作为国家发展战略来加以推进。开放创新的先进性使多个创新主体参与其中,实现了资源共享,智慧积累,创新的成本与风险被分摊,创新周期缩短,创新成果商业化的进程加快,产品更新换代迅速,更大程度上便利了大众生活,同时强化了企业的创新意识与竞争优势,为中国增强科技硬实力,摆脱发达国家对中国的技术封锁,实现产业升级,提高综合国力和国际话语权提供了一条可行路径。中国作为后发国家,应从战略上重视逆向创新,向企业普及产业创新理念,出台相应的政策来支持逆向创新,同时积极鼓励企业将逆向创新引入发达国家或地区。通过实施逆向创新战略,中国有望将后发优势转化为创新优势,提高国家在国际市场上的综合竞争力,进而提高国家在国际市场上的话语权,反过来为国内企业的发展提供良好的国际竞争条件。

第六,中国制造业模块化创新型升级路径。中国代工企业长期作为产品价值链低附加值环节的接包者,不利于产业的可持续发展。在模块化背景下,中国制造业产业升级面临两种陷阱:一是产品建构;二是再集成。中国制造业升级主要有五种并行路径。一是遵循比较优势演化规律。二是获取产品建构优势。三是利用再集成实现价值链高端嵌入。再集成是产品系统集成商扩大和强化自身优势的一种模块整合方式,是从模块化重回集成化的一种趋势。中国企业大多作为外围模块供应商参与模块化分工网络,必须在提高对技术演化和模块边界变动的敏感度的同时,积极从同种模块再集成入手,逐步实现价值链高端环节的嵌入。四是强化"外围—核心—系统—核心"的突破创新。模块企业在模块化分工网络中摆脱价值链低端锁定地位的突破创新路径是"外围模块—核心模块—系统集成—核心模块",实现这一路径的关键因素是企业技术能力的提升,同时又以企业学习能力、知识吸收能力的提升为前提。五是培育旗舰型模块集成商。中国制造业目前比较缺少能够掌控模块化价值网络和价值链的旗舰型模块集成商。旗舰型模块集成商的成长不仅需要模块企业具有前瞻性,敏锐的市场嗅觉、庞大的资源实力、良好的营运管理能力,也需要企业注重战略的计划性与应变性,组织文化、组织结构与组织战略的协调性等。

二、研究方法

综合运用了数据包络分析、静态面板数据回归、动态面板数据回归、数理模型分析、案例分析等方法。

第一,数据包络分析。运用曼奎斯特—数据包络分析方法对中国制造业全要素生产率进行测算,分解出技术效率、技术进步、纯技术效率和规模效率指数,对中国制造业全要素生产率进行评价与比较。

第二,静态面板数据回归。针对模块化分工水平与研发投入、研发产出之间的关系,以及模块化分工水平与发明专利、实用新型专利、外观设计专利之间的关系进行固定效应模型和随机效应模型的回归分析,实证检验模块化分工的技术溢出效应。

第三,动态面板数据回归。针对模块化分工与全要素生产率、技术效率、技术进步、规模效率之间的关系进行差分广义矩估计和系统广义矩估计分析,实证检验模块化分工的效率提升效应。

第四,数理模型分析。运用数理模型分析了模块化分工网络中的模块企业面临模块化网络中系统集成商主导的再集成行动的压力,模块供应商应当提高知识吸收能力,了解技术演化轨迹,判断模块边界变动趋势,避免落入再集成陷阱,以及被淘汰出模块化分工网络。

第五,案例分析。在对旗舰型模块集成商的培育进行论述时采用了 H 公司和 K 公司的案例。

第三节　研究思路与技术路线

以模块化创新、模块化产业组织的概念为起点,沿着"模块化分工的技术溢出效应→模块化分工的效率提升效应→模块化创新推动中国制造业升级的机制→模块化分工视角下中国制造业升级陷阱→模块化创新推动中国制造业升级的路径"这样一条主线展开,图0-1展示了研究的技术路线。

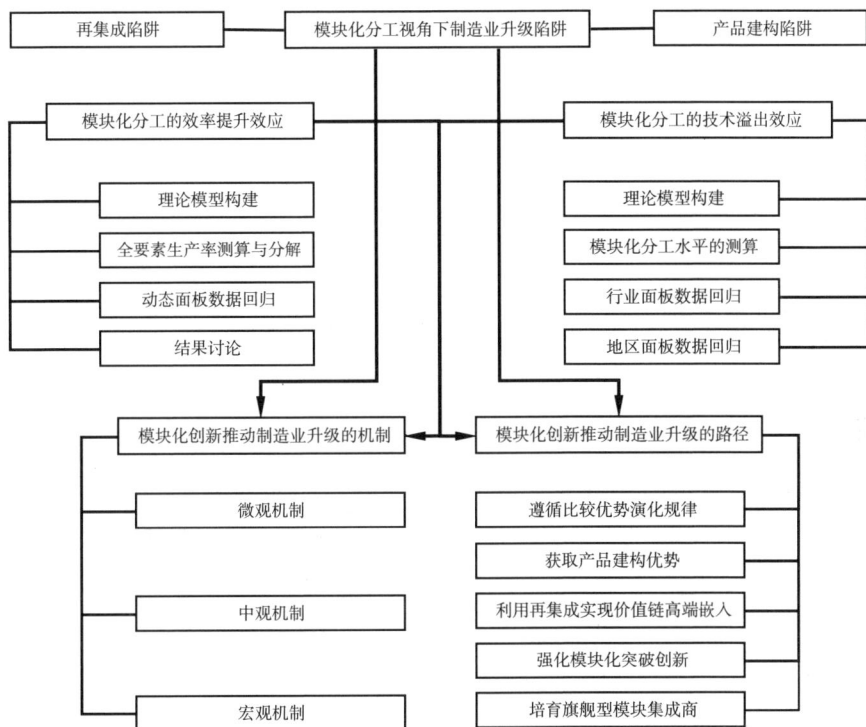

图0-1　技术路线图

第四节　创新之处

第一,提出了从再集成陷阱到利用再集成嵌入价值链高端环节的制造业升级路径。中国的模块供应商在参与模块化国际分工的同时,面临模块化价值网络中系统集成商主导的再集成行动的压力,模块供应商应当提高知识吸收能力,了解技术演化轨迹,判断模块边界变动趋势,避免落入再集成陷阱,面临被淘汰出模块化分工网络的风险。对外围模块供应商而言,应该利用同种模块再集成起步,不断提高模块价值份额,将模块边界扩展到更多的模块化分工网络中,在技术能力积累的基础上实现模块升级,同时实现向产业次价值链高端环节的攀升,最终进入产业主价值链的中高端环节。

第二,强调了组织重构在模块化创新推动制造业升级的微观机制中的重要作用。对模块化创新来说,无论是架构创新还是突破创新,二者都要求对产品建构进行重新设计,亦即重新制定系统规则。原有的模块化组织面临重构的压力,组件设计团队之间的业务沟通网络在系统集成的作用下会增进知识分享和技术交流,并且强化对组件之间相互依存关系的支持,以便进行新知识的生产和嵌入,同时对创新所需的知识进行重新编码、分类、萃取和整合。

第三,强调了逆向创新在模块化创新推动制造业升级的宏观机制中的重要作用。一部分发达国家企业对利基市场的需求关注不足,这就为逆向创新打开了缺口,也为后发国家企业留下了市场机会。利基市场包括流程利基和产品利基。流程利基发生在技术能力不足时,通过流程改进降低成本,从而取得初步的创新成果;当具有了一定的技术能力时,产品利基就发挥了作用,此时可以关注发达国家未发掘的需求,研发出更适合后发国家和主流市场未被关注的需求的产品。

第一章　模块化、技术创新与产业升级

第一节　模块化的概念

在模块化理论中,起基础性作用的就是关于模块化概念的理论,而到目前为止,就模块化的概念展开形成了两大主流学派。一是主流模块化理论,其主要代表人物是西蒙(Simon)、鲍德温(Baldwin)、克拉克(Clark)和青木昌彦(Aoki Masahiko);二是修正性模块化理论,其主要代表人物是恩斯特(Ernst)和切斯布鲁夫(Chesbrough)。

一、国外对模块化的界定

在国外绝大多数文献中,模块化指的是组成产品的组件可以十分容易地分离以及重组,同时又可保持系统的完整性和正常功能(Baldwin、Clark 和Schilling,2000)。对于非模块化产品而言,其组件必须可以精确地进行调优,以彼此匹配,确保最终产品的适当功能,所以,若一组件需要更换时,则须对更换的组件进行修改和调整,而且可能需要对其他组件进行相应的修改和调整来确保系统的完整性。而模块化产品是由按照精确定义和组装的标准构建的组件结合组成。只要组件满足构造标准,就可混合匹配,而不需要修改和调整产品的其他部分,也不需要重新设置整个系统。西蒙强调我们的日常生活中遍布着的大部分事物都是复杂系统,如产品就是一个典型的复杂系统,对于其分析和决策是管理中比较困难的地方,因为多个部件组成了一个复杂系统,而这些多个部件又是由比其更低层次的零部件组成,它们之间的交互作用是非单一的,组件属性的规则和组件之间的交互决定了系统的功能和外部性能,因此对于复杂系统的分析或创建,关键在于理解其组件属性和交互规则。

西蒙认为,对于复杂系统的一种有效的管理方式是将整个系统进行分解,形成子系统,如此可在一定程度上降低复杂性,他这种以系统视角看待复杂问题的方式相当于形成了模块化理论的雏形,但是他并没有正式明确提出模块化的概念。正式将模块化作为管理学研究对象的学者是鲍德温和克拉克,他们在《哈佛商业评论》上发表了"模块时代的管理"一文,而明确提出模块化的概念是在《设计规则:模块化的力量》一书中,之后开始进行了对于模块化的系统性研究。鲍德温和克拉克认为,模块是隶属于系统的一个单元,模块内部各部件之间关系密切,保证了其相对稳定性。各模块在系统内部结构中相互独立,各模块协同工作才可使系统功能完整表现。在设计复杂产品或业务时,模块化是一种比较有效的策略,因为各个模块的独立设计可以发挥其独立作用,但只要在模块设计中遵循共同的规则,即使作为比较小的子系统,也可以用其构建复杂的产品或业务(Baldwin 和 Clark,2000)。

鲍德温和克拉克(2000)通过对产品结构和组织任务结构的内在关联性的探讨使模块化的含义有了更完善的理论诠释。他们认为,并行的产品设计、制造流程和供应网络对于有效地生产和获取模块化产品的最大价值是至关重要的。青木昌彦在《模块化:新产业结构的本质》中提出了模块化的三种信息组织形式,分别是事先规定了模块之间联系规则的 A 模式、模块联系规则可以不断改进的 J 模式和各个模块内部信息处理包裹化,克莱默(Cremer)分析了信息同化型与信息异化型模块系统。

修正的模块化理论与主流模块化理论不同,修正的模块化理论的代表人物恩斯特、切斯布鲁夫认为,主流模块化理论提出的实施条件不一定存在,即使模块化理论源于实践,但是由于模块化理论具有高度抽象性,若将其应用到实践操作中,可能会带来各种各样的风险,并不能够确保处于动态环境中可以达到预期想象中的效果,因为主流模块化理论很难对于现实中大量模块化操作失败的现象作出合理的解释。

恩斯特认为主流模块化理论忽略了知识交流而只强调编码交流,在他看来,编码是一种不完整的信息形式,而模块开发需要具备一定的知识储备,模块的进一步组合则需要更为广博的知识储备(Ernst,2004;Ernst 和 Martin,2004),因此,模块化的本质是知识的交流,其重要性远远大于编码交流。切斯布鲁夫(2003b)认为,模块化系统具有一定刚性,其对应的界面标准应是稳定而宽泛的。相对于模块的开发和组合,对于界面标准的制定和改变更难,系统收益的基础是其结构,而结构由其系统关系所决定,当结构最优时,收益可以达到最大。所以为了获得更大的收益,就有必要打破现有的结构,建立新的结构。但在现实中,若供应商和消费者与企业互动频繁,则有可能就系统和结构进行必要的调整,甚至必须建立新的系统,所以没有稳定而广泛的界面标准。从表面上看,这两种理论似乎是对立的,但其实它们是处于不同层次和角度的研究,两者更应该是一种互补关系而非对立关系。

从模块化的含义来看,关于模块化与复杂性之间关系的讨论并不少见。一个假设是模块化战略能够降低设计和生产的复杂性(Ethiraj 和 Levinthal,2004)。鲍德温和克拉克(2000)在对计算机产业演化过程的评述中提到,模块化方式最大限度地减少了产品各个组件之间的相互依赖关系,从而降低了设计阶段的产品结构复杂性。此外,朗格卢瓦(Langlois,2002)认为,模块化产品结构复杂性的降低源于构成产品的组件数量的减少。这些观点肯定了原本处于较低层次的组件转变为可组装的子系统这一过程的合理性。另外,皮尔和科恩(Pil 和 Cohen,2006)认为,通过模块化设计方式降低的产品复杂性实际上是一种感知上的复杂性。在此前提下,易于分解的结构有助于确定产品的架构如何支持和实现产品的功能。

　　另一个假设是产品模块化降低了管理的复杂性。产品开发过程中所需的大量协调活动通过采用标准化界面嵌入模块化产品的结构中。这些界面标准派生出用于将组件装配为完整产品的具体准则,因而减少了产品开发过程中不同组件设计者之间的协调需要。这些开发任务之间关联性的消除要求形成一种更加系统的方法来进行产品开发项目的管理。更进一步地,如果采用了一个模块化产品结构,那么在此结构范围内,常规模块的重复利用就能够简化供应方的采购和质量控制工作。由此可见,产品模块化与生产延迟策略的结合降低了产品定制化、存货管理和市场调节的难度。

　　然而,随着模块化研究的深入,一些学者对模块化方式能够降低复杂性的假设逐渐产生了质疑。萨尔瓦多(Salvador,2007)指出,复杂性之所以凸显是因为系统必须具备应对多种结构的能力。斯塔登梅尔等(Staudenmayer 等,2005)对不同行业的七家企业进行了案例研究,最终发现,模块化在产品中的应用极大地提高了产品开发活动的复杂性。这些关于模块化与复杂性之间关系的研究结论表明,模块化对复杂性的影响这一问题仍然有待商榷。

二、国内对模块化的界定

　　随着鲍德温和克拉克在管理学中以及在企业中首次引进模块化的概念,青木昌彦等在经济学中以及产业层面首次引进模块化的概念,有关模块化的研究在学术界和企业界兴起了一股热潮,我国也不例外。统计结果表明,近十五年来国内对于模块化的研究大多集中于企业层面,其次就是产业层面。早在 1990 年,就有童时中、李春田等提出来可以采用模块化方法加快产品创新速度,以此使生产的产品更加多样化,以及将现有产业组织和产业结构加以调整。但是,因为这些观点是在工学刊物上发表的,所以并没有使社会科学领域,如管理学界和经济学界的专家学者重视起来。从 2003 年开始,在模块化研究的前沿领域有了国内一些学者的声音,他们开始从企业和产业两个层面研究模块化相关问题。

　　就产业层面而言,有学者认为当今社会的信息技术革命在很大程度上影响了产业结构的演进,其所导致的一个结果就是形成产业结构的模块化。模块整合是产业融合的原因之一,产业融合中的有机载体已经变成了模块化。从系统论的角度出发,新经济的本质是系统经济,经济转型的过程其实就是系统经济逐渐占据主导地位的一个过程,而系统经济的一个基本特征就是模块化,模块化也是系统经济的一个主要微观表现。胡晓鹏(2007)就模块化与传统意义上的分工进行了比较,他系统研究了从传统的分工发展到模块化阶段的一系列的演进过程,他指出,在模块化的产生过程中,一个非常重要的条件是我们有效利用了高级资源。目前,就模块化是以标准化的零部件以及多样化的产品来满足有着不同需求的顾客,由此形成的生产网络已经发展成为一种全新的产业组织形态,而且它是一种在信息化以及专业化的全球化大背景下,建立在大家都遵守共同设计规则基础上的专业化协作机制。

　　就企业层面而言,一些学者认为模块化组织是一种可以使企业适应市场变化以及增强产业竞争优势的有效的组织模式。当模块化的研究对象是大型企业时,则可以更加体现出它对于企业组织结构和战略的影响,模块化组织是在四种力量的影响下催生的,它们分别是全球需求的增长、知识员工和软件技术、不同技术之间的交叉性和组织创新的市场激励(Quinn,2000)。之前大型企业一般的纵向一体化模式已经被模块化组织所替代,因为大型企业主要是通过对它内部的要素和结构进行调整,拓宽了它的能力边界,也降低了企业内部协调与外部交易的成本(徐宏玲等,2005)。而模块化并不是将自身的设计与企业生产仅仅限制在企业内部,而是通过每个企业整合本身的价值链,然后在整个价值网络中融入自己已经开发或者生产的模块,如此便可通过彼此之间的相互协作或是竞争来增强自身的竞争优势以及提高自身的防范风险能力。企业在创建自身的价值网络时一个重要基础就是模块化,而企业间的价值网络又是各个企业在价值模块与价值链遵守同一界面规则的基础上交叉形成的,它是一个聚集了各个企业的优势资源以及企业协同能力要素的价值网络平台。模块化组织价值创新的本质在于模块之间的分工协作和价值链上的资源配置,以市场为价值导向,以模块为业务单元,以竞合互动、价值对流、模块操作为价值创新路径,不断进行价值链的重组,从而实现收益递增(王瑜和任浩,2014a、2014b)。此外,模块化组织中的核心企业对于组织设计、创新机制形成、治理模式构建等都具有重要作用。模块化组织的外部环境因素、内部实际需求以及自身核心特质催生了核心企业(吴昀桥,2014),核心企业必须具备领导模块化组织的一系列核心能力,包括设计能力、整合能力、治理能力、协调能力、学习能力和创新能力(吴昀桥,2016)。核心企业的某一种核心能力也成为研究对象,例如,治理能力可以被描述为一种包含系统设计、合作主导、关系协调和知识重构的四维结构(曹宁等,2015)。

综上而言,国内学者在模块化研究方面大致是沿用了主流模块化理论的基本观点,其认为在产业组织层面,应该站在产业组织演进的角度以此来对模块化如何影响其结构进行考察研究,在企业组织层面,应该对模块化如何影响企业组织模式来进行考察研究,尤其是在形成价值网络和因为模块化所带来的组织效率和竞争优势提升方面进行考察研究。但是在国外的一些企业的实践和应用研究中,已经证明了修正性模块化理论是具有科学意义的(Sabel 和Zeitlin,2004),在模块化研究中应注意这两种理论的结合。

第二节　模块化产业组织

一、国外对模块化产业组织的研究

国外学者关于模块化产业组织的研究先于国内,其得益于 20 世纪国外相关产业的蓬勃发展,因此国外相关的研究多从实践出发,通过对一些代表性产业发展进程的追踪,发现了传统产业组织的弊端,提出了以模块化思想为主导的模块化产业组织。随着模块化产业组织理论的完善,国外学者的研究重点主要集中于以下几个方面:产业组织变革进程研究、传统产业组织与模块化产业组织的对比研究、模块化产业组织的理论与实践意义研究以及模块化思想影响产业组织变革的机制研究等。

国外学者主要通过对代表性产业的长期观察,通过对微观层面产品模块化的不断深入研究,逐步提出了产业组织的模块化。模块化产业组织本质上就是一种复杂的生产网络,国外学者针对生产网络的研究也是一个逐步深入的过程。国外存在两种生产网络范式,一种是以日本汽车工艺为代表的核心生产网络,另一种则是以美国硅谷模式为代表的分散生产网络。随后,斯特金(Sturgeon,2002)通过对传统生产网络的研究,将其划分为两种模式,一种是俘获型生产网络(Captive Production Network),企业间存在严格的层级制度,成员企业从属于核心企业;另一种是关系型生产网络(Relation Production Network),各成员企业之间的协作主要依靠彼此之间的社会关系,更具灵活性,在抵抗风险和寻找商机方面更具优势。传统的生产网络有助于实现产业内的规模经济,但因其依托于垂直一体化的生产组织方式,在经济全球化的进程中扩张能力有限,难以实现资源在全球范围内的优化配置,已经成为产业持续发展的阻力。在此基础上,斯特金(2002)通过对美国电子产业的分析,提出了一种更具活力的先进的产业组织模式——模块化生产网络(Modular Production Network)。模块化生产网络以模块为生产单元,各个模块在显性的界面规则下享有一定的独立性,模块内部知识相对外部模块具有排他性,复杂产品得以分解为多个模块予以生产,在确保规模经济的同时也提高了创新的产出效率。

在上述模块化思想的引导下,产业组织理论从传统的产业组织理论逐步过渡为模块化产业组织理论。二者有共通点,即均以独立的企业作为研究对象,以企业之间复杂的互动关系为研究内容,试图通过分析企业间关系的微妙变化对各个企业的市场绩效与市场地位作出合理解释。但相对于传统的产业组织理论,模块化产业组织理论依托于模块化产品,产品结构更为复杂,企业之间的分工协作更为密切,改变了传统的生产组织方式,不断向垂直专业化和网络化过渡。

产业组织模块化具有一定的理论与实践意义,其中半导体与计算机产业的发展极具代表性。以国际商用机器公司(International Business Machines Corporation,IBM)为例,其作为 20 世纪 70 年代 IT 产业的龙头企业,"一家独大",但随着信息技术的快速发展,传统生产网络的弊端凸显,以模块化为指导思想的生产方式改变了 IT 产业内的竞争格局,成员企业之间的分工协作得以深化,IBM 的市场份额被分散,但由于生产效率的提高,整个 IT 产业的市场价值激增,成员企业参与模块化生产网络的过程中也提高了市场价值(Baldwin,2003)。模块化产业组织在提高整个行业的市场价值以及合理进行成员企业利益分配方面均有其独特的实践意义。

国外文献关于模块化对产业组织的影响研究主要集中在以下三点:首先,模块化使传统的竞争性市场结构变得更为复杂。在模块化思想的指导下,企业之间的关系不再以竞争为主导,分工协作的思想更为深化,企业之间的关系以网络为依托,互动频繁,企业之间的竞争转为模块之间的竞争,市场结构更具动态性和灵活性。其次,模块化从微观层面实现了产品模块化、设计模块化,从而推动组织模块化以及产业组织的模块化。模块化使复杂产品可以科学分解为多个模块,在显性规则的指导下,模块内部可以开展相应的创新活动,且同一个模块允许多个生产商参与竞争,体现了开放式创新的思想(青木昌彦,2003)。同时,各个模块之间的关系更为松散耦合,可以通过合理的配置形成更大程度的创新,降低了产品创新与产业升级的难度。最后,模块化改变了复杂的产品系统,是企业间分工的深化,同时也是企业间协作的加深。复杂的产品系统在模块化思想的指导下可以分解为多个开放式的半自律子系统(青木昌彦,2003)。不同的企业作为不同模块的生产商,在系统架构的指导下,完成整个产品的生产,体现了分工协作思想。

模块化产业组织以产品模块化为基础,通过对复杂产品系统的科学设计与分解,形成多个相互独立且联系紧密的子模块,模块之间依托显性的界面规则建立系统,模块内部依据其独有的隐性知识开展创新活动。这种生产方式加深了企业之间的分工协作,企业之间的关系由单纯的竞争转为复杂的竞合,其间的利益分配、竞合关系、契约关系等彼此交织,形成一张紧密且灵活的生产网络,不仅确保了规模经济,也提高了整个产业的经济价值,同时也会对相关产业的发展起到一定的推动作用,是经济全球化背景下一种高效的产业组织模式。

二、国内对模块化产业组织的研究

国内学者关于模块化产业组织的研究多以理论研究为主、实证研究为辅。研究框架基本与国外学者相似,研究重点包括模块化知识分工与系统集成、模块化生产网络的构建、模块化价值链的形成、模块化产业的创新与升级、产业集聚等。在理论层面创新略有不足,但国内学者将理论与中国实践相结合,为中国特定产业参与全球模块化分工的现状进行了科学分析,提出了具有中国特色的产业组织理论,并为中国产业升级提出了可行性建议。

模块化思想对传统产业分工体系提出了挑战,以知识为基础,寻求分工与协作二者间的协调。余维新等(2017)从模块化视角将知识分工划分为知识建模、模块化分解、知识众包三个过程,构建了由创新社区、智能分工系统、云众包平台构成的知识分工平台。企业参与模块的生产过程实际就是对知识模块的选择,模块在产业价值链中的竞争位势决定了模块价值的高低。沈于和安同良(2012)发现,模块化系统的"再集成"损害了模块厂商的利益,模块化的"选择权价值"随技术演化而下降,企业必须设法规避"再集成"风险。易秋平(2016)建立了产品模块化的超边际模型,表明模块化集群的内在演化机理是分工与交易成本的动态平衡,随着分工深化、产品模块化以及技术创新,技术标准不断更新,交易效率不断提高,学习成本不断降低,从而使模块化集群的特征由产品模块化向产业模块化过渡,再向产业组织模块化过渡,这种特征变迁反过来又促使交易成本降低,交易效率提高,推动了分工演进。

随着模块化思想的深入,传统的产业组织理论已经不能合理解释模块化产业组织的本质,其传统的研究范式"结构—行为—绩效"也受到了挑战(陆伟刚,2005;徐宏玲等,2005)。产业模块化源于微观的产品标准化,后逐步发展为技术知识的标准化。与强调竞争的传统产业组织理论不同,产业组织模块化更为关注企业在模块化进程中的竞争位势,通过网络的形式建立起各个模块的紧密联系,同时依托企业所选模块的技术含量来衡量模块的价值与企业的市场竞争力,形成一条模块化的产业价值链与生产网络。模块化同样鼓励创新,各个成员企业在价值链中的位置并不是一成不变的,企业可以通过创新实现价值链的跃迁,更大限度实现企业价值。

模块化产业组织的成长与发展仍然要依靠标准创新的推动力量。梁军(2012)指出,模块化网络中的产业标准创新需要实现垄断、竞争、合作的聚合,模块供应商既要融入模块化网络,又要避免落入模块化陷阱,因而需要处理好自身与集成商以及与其他模块供应商的竞争合作关系。王季云(2015)在对光电子信息产业的研究中发现,模块化实现了界面规则标准化与模块内部创新自主化的统一,产业发展的驱动力在于不断推动标准的形成和更新,科研、标准、产业存在动态同步发展机理,因此有必要建立和实行"科研—标准—产业"同步发展模式。柯颖(2013)认为,基于模块化的产业价值网竞争力取决于各产业价值链中关键价值模块共同构筑的关键价值区域价值权力的大小与协同效应的强弱,进而提出包含产品模块化、产业组织模块化、产业价值链模块化的关键价值区域生成与强化的三维框架(柯颖,2014、2015)。

国内文献关于产业集群方面的研究重点关注于产业集群的形成、发展、创新以及升级。产业集群通过专业化分工,使成员企业之间建立了紧密的联系,且往往在地域上临近,具有一定的地域优势,更大程度上实现了协同效应,是推动产业发展的重要助力,但其所形成的集群优势也暗含着潜在的衰退风险。导致产业集群衰退的潜在风险可以划分为两类:一类是外生性风险,其指产业集群衰退的诱发因素,包括周期性风险和结构性风险;另一类是内生性风险,其是导致产业集群衰退的根本原因,也称为自稳性风险。内生性风险与外生性风险之间存在联系,内生性风险是量变,内生性风险的不断累积会产生质变,一旦外生性风险出现,整个产业集群将不堪一击,走向衰退。随着产业集群的快速发展,集群企业容易陷入僵化,在环境应变力以及市场竞争力方面都有所下降,对集群产业的长远发展形成阻力。如果此时集群遭遇外生性风险,集群将可能直接面临衰退甚至消亡的现实。蔡宁等(2003)分析了网络性风险与周期性和结构性风险之间的相互增强机制。在企业集群诞生阶段和成长阶段,网络成长的增强机制促进了企业集群规模的快速扩张。但一旦进入衰退或遭遇经济衰退,大量企业退出,网络规模变小,企业集群创新和复苏的内力不足,就可能诱发集群的网络性风险;网络性风险将不利于处于衰落过程中的集群的复苏和调整,往往加速集群的死亡,对结构性风险有增强效应。周期性风险往往会破坏集群内的网络关系,诱发网络性风险,加速集群的死亡,使结构性风险增强。而对于过分依赖于个别主产业的集群区域来说,集群的衰退可能使整个区域经济陷入长期萧条和不景气,诱发周期性风险。

创新是降低集群衰退风险、实现产业集群可持续健康发展的一条可行路径。模块竞合作为产业集群创新的一种重要模式,不仅要形成集群创新的内在主体结构,实现创新要素的协同效应,而且要形成集群创新的外围支持结构,提供充足的资源和制度供给,培育和提升产业集群的持续创新能力和竞争力(赵运平和綦良群,2016)。产业集群实现产业组织模块化的关键在于打破产业和地域限制,构建深度分工协作、高创新能力、低交易成本的模块化生产网络(曹虹剑等,2016)。

模块化创新与集群式创新的融合对于产业集群创新能力提升是至关重要的,集群创新能力与企业的持续创新能力息息相关,二者融合的关键在于界面规则的设计,界面规则决定了企业间关系,企业间关系是影响两种创新战略的决定性因素,界面规则演进体现着企业间关系的发展,同时企业获得动态能力。因此,需要从双元性视角通过界面规则设计和知识共享来培育企业的持续创新能力(陈建军,2013)。以中国的高新技术产业为例,其产业集聚现处于初级发展阶段,创新机制略不完善,缺乏有效的网络结构,迫切需要一种有效的集群治理模式,在这种情况下,核心企业主导型较为适用(于伟和倪慧君,2010)。该治理模式对核心企业的协调能力以及技术能力均提出较高的要求,核心企业在模块化系统中不仅主导着界面规则的设计,还担当着模块集成商,在创新环节与集群治理方面均发挥着举足轻重的作用,不仅促进了中国高技术产业集群的形成与产业升级,也推动了区域经济的发展。

产业集群与模块化产业网络虽然存在一些共性,比如其中的成员企业均依托复杂的网络结构开展分工协作,不仅能有效地降低交易成本,强化规模经济效应,同时能够实现持续创新和产业升级。但是二者之间也存在明显的区别,一般产业集群难以跨越地域限制,甚至不存在内生的创新机理,而模块化产业网络突破了地域限制,不受空间和产业的约束,网络扩张更容易(张祥建和钟军委,2015),交易成本和隐性知识学习成本更低,因此模块化产业网络具有更强大的生命力。

第三节　模块化与技术创新

主流模块化理论和修正性模块化理论聚焦于模块化与技术创新的关系,表面上这两种理论是对立的,然而实质上却是互补的。主流理论提出了模块化技术创新机制,而修正性理论是在此基础上提出了模块化对于技术创新的消极影响,认为模块化会阻碍其发展,对其引发的产品创新也会有所阻碍。

一、国外对模块化与技术创新关系的研究

作为主流理论的提倡者,青木昌彦、克莱默等提出技术创新源于模块化,而恩斯特、切斯布鲁夫等修正性理论的提倡者却有不同的观点。恩斯特等虽

然认可模块化的技术创新机制这一观点,但同时表示这一内生过程不是一定的,模块化的要求对于技术创新也是一种限制,这是由于模块化自身因素所限制。在研究二者关系时,修正性理论意义重大。

青木昌彦研究了界面标准化和信息效率二者的关系。他提出模块化产品具有一定的内生演化,这源于接口标准化削弱了模块间的互补性,其本质则是模块化的技术创新机制。青木昌彦等基于硅谷的练习阶段博弈模型,指出硅谷的治理机制实际上是一个锦标赛式的竞争机制,由于模块之间的发展有更强的替代性而不是互补性,市场的任何模块很难获得垄断的位置,因此锦标赛竞争机制对模块开发者具有很大的激励作用。另外,由于模块间的信息隔离,任何两个模块的开发者都很难合作,所以这种竞争机制也被称为"背靠背"竞争。在模块化实践中,锦标赛竞争机制的重复运行可以提高模块开发人员的风险容忍度,即使是研发失败的企业家,在研发风险增加的情况下,也可以通过"背靠背"的竞争来降低重复开发的成本(青木昌彦,2003)。可见,青木昌彦等的组织信息效率比较理论地从模块化实践的角度研究了模块化系统的运行机制。鲍德温和克拉克则强调了模块化概念的理论价值。

在对技术变革与经济组织二者的研究中,主流模块化理论发挥了重要作用。根据主流理论,技术模块化所引发的分工演变给非垂直一体化企业改变组织模式提供了新的契机,同时也会带来产业结构和市场的变化。模块化是一种特殊的设计结构,其中的参数和任务在模块内部和模块之间相互独立(Baldwin 和 Clark,2000)。产品系统设计结构的变化对企业和市场有着重要的影响,其研究重点主要在于模块结构和流程对一系列具体活动的影响(Sanchez,2000)。因此,一般意义上的模块化意味着产品生成过程包括生产高度复杂产品要必备的有关工作和知识分工技术(Baldwin 和 Clark,2000)。

与主流理论所持的模块化内生了技术创新这个观点不同,修正性理论的观点是技术创新会受到模块化一定程度上的阻拦。切斯布鲁夫(2003a)表示,和要素或者模块创新不一样的是,系统结构创新影响系统层面的创新,但是前者却又受要素或者模块间联系向更紧密状态变化的影响,这一过程是十分缓慢的。在系统模块化加快市场模块化的同时受到了创新约束,而这种约束是内生性的。切斯布鲁夫(2003a)提出了关于模块化理论的一个动态分析框架。可以说,技术进步周而复始的过程贯穿在模块化的进程中。对于模块和结构而言,只有对所有的技术间关系全部理解才能模块化,这是完成模块化的一个条件,否则就是相互依赖。从技术来说,模块化的过程受相互依赖的制约。协调成本比交易成本要低的时候,通过内部协调来理解关系,到达一定程度的时候,协调已经无法推动进步了,只有市场竞争和激励机制来推动创新,使模块化得到回报。当这种关系完全理解的时候,模块化达到了顶峰,开始转向相互依赖的阶段。

在技术和市场模块化二者上,修正性理论和主流理论存在联系和区别。通过对一些产业的经验研究,修正性理论学者提出了一系列有别于主流理论的观点,包括了模块化的动力机制(Chesbrough,2003b)、系统整合(Davies,2003;Pavitt,2003a)、开放式创新(Chesbrough,2003a)以及重复协同创新(Sabel 和 Zeitlin,2004)。修正性理论的文献认为目前的模块化理论在强调模块化优势(Chesbrough,2003b)的同时忽略了三个明显的缺点:对技术模块化和市场模块化的概念有所混淆;对市场模块化方面的经验研究所产生的作用有所夸大;对于模块化有关的动力机制缺乏分析。所以,修正性学者认为对于理论缺陷要认真看待,要分析限制因素并提出相应的解决策略。

切斯布鲁夫(2003b)提出市场模块化可以分担市场部分创新协作任务。在现实中,技术模块化和市场模块化虽然不是一直相关,但是有时候却存在相当紧密的联系。技术模块化只是一个前提,它并不一定会产生市场模块化。切斯布鲁夫指出,二者产生协同一定要达到四个条件,分别是:知识扩散、共同语言、验证以及供应商基础。这四个条件可以用来判定产业是否完成技术模块化转往市场模块化。以半导体产业为例,最开始的设计规则是统一的,这样可以便于模块化市场结构的形成,同时也可以使设计从制造、无晶圆设计公司和硅加工厂中独立出来。但是,由于设计和制造的复杂性程度的不断加大,市场模块化的前三个条件没有达到。所以,关于技术模块化引发或者不引发市场模块化的情形及原因需要进行进一步的实证研究来得到(Chesbrough,2003b)。

相对于模块创新,结构创新在本质上更具有系统性,因为结构创新改变了子系统的组合方式(Henderson 和 Clark,1990)。在某些情形下,子系统之间精确定义的界面可能限制了模块生产商对技术机遇的有效利用,比如出现了新材料、先进的制造技术、高质量的可整合子系统(Cacciatori 和 Jacobides,2005),此时结构创新就显得非常必要。以空调行业为例,当一个产品结构确定了之后,对这种产品结构的理解也会逐渐深入(Cabigiosu 和 Camuffo,2012),随之而形成一整套设计规则(Baldwin 和 Clark,2006;Henderson 和 Clark,1990)。这些设计规则描述了将来会被运用的产品结构、界面、整合协议和测试标准(Baldwin 和 Clark,2000)。设计规则同时也明确了一个产品的子系统之间的相互作用。同样地,相对于增量创新,结构创新仍然在本质上更具有系统性(Benner 和 Tushman,2003;Smith 和 Tushman,2005),结构创新对设计探索和创新网络成员之间新结构知识的吸收具有显著的正向效应(Henderson 和 Clark,1990)。

就理论而言,一个完善的模块系统由独立的、相互分离的模块组合而成,模块内部的要素之间高度相关,但是模块之间不存在相互依赖关系。模块系统的这种属性表明,只要遵守界面标准,即使模块发生了变化,各个模块的开发小组也不需要进行设计决策的协调。然而,现实中的产品结构难以成为一个完善的模块系统(Cabigiosu 和 Camuffo,2012)。因此,模块系统实际上是一种半分解系统,亦即模块之间的依赖关系并非完全不存在,只是比较微弱而已。与其说模块是相互分离的,不如说是松散耦合的,这种耦合决定了组件之间的依存关系,以及组件开发小组之间的依存关系(Orton 和 Weick,1990)。这些依存关系包括为了便于装配而形成的空间邻近,为了运输而形成的结构依赖,为了传输热量而形成的能源依赖,为了传输燃料而形成的原材料依赖,以及为了传输信号或转移控制而形成的信息依赖(Sosa 等,2003)。

一个复杂系统结构内在的依存关系必然会映射在系统设计过程中(Baldwin 和 Clark,2006)。一般采用两种模式对这种依存关系进行管理,一是设计者们共同磋商,相互妥协,作出让步,从而使依存关系得到协调,二是设计者们商议出一套明确描述了现有依存关系的设计规则。① 这套规则是由参与设计的双方共同制定的,而且是在双方充分磋商的基础上制定的,因而显著降低了以后彼此交流的频率(Baldwin 和 Clark,2006)。设计者在遵循设计规则的前提下可以随意修改模块。可见,设计规则并没有彻底消除模块之间的固有联系,而主要是减少了设计主体之间拉锯式的协调工作(Staudenmayer 等,2005;Zhang 和 Gao,2010)。设计规则厘清了产品子系统之间的相互作用,弱化了组件的特异性,相当于提供了一种嵌入式控制模式,从而不必过分依赖于外显式层级控制模式,也可以在各个子系统齐头并进的过程中减少不必要的沟通(Baldwin 和 Clark,2000;Tiwana,2008)。

二、国内对模块化与技术创新关系的研究

在国内有关模块化和技术创新的研究领域,大多数研究集中分析某一特定产业,主要就某一类产业的模块化产品与产业创新之间的关系进行考察,在这当中涵盖了技术因素,比如计算机产业、软件产业、汽车产业等。

以计算机产品设计为例,在分解复杂系统时,模块化原理的运用是有效的,所以模块化原理也可以应用于知识管理领域。对复杂产品而言,模块化设计原理的应用就是不断在模块内部与模块之间专业协同知识基础上进行创新,这不单单需要每个模块的专业知识,更需要模块之间集成的知识,而后者更加宽泛,所以就更有必要激发员工学习与工作相关的专业知识。模块化生产方式的技术基础是由三个领域的创新所传播的信息技术范式奠基的,分别

---

① 设计规则的运用不是模块产品独有的特征,如果忽略模块化程度,任何产品结构都伴有一套设计规则,只是其表现形式会发生变化。

是微电子、计算机及通信三个领域。计算机以及汽车等复杂产品比较集中地体现了系统模块化原理在现代信息技术条件下快速适应市场多样化与不断进行创新的要求。相比于突变式或者毁灭式创新,模块化式生产是一种持续不断的渐进式创新。在复杂产品的系统中,通用模块占据了整体模块的大多数,可以应用在某一特定产品结构的专用模块则占少数。前者可以被其他系统所应用,因此这让技术创新内生于模块化,于是便有了关于模块化系统创新的四种类型分类,分别是开发新产品、增量创新、结构创新与模块创新。在实际应用中,关于计算机的产品创新大多是模块创新与增量创新。

除了计算机产业,模块化创新的作用在汽车产业也得到了极大的验证。吕一博与苏敬勤(2007)用国内轿车产业举例,对后发国家汽车制造企业的技术能力成长路径进行了研究。根据生命周期理论,可以把技术能力成长路径分成四个时期,分别是初创期、成长期、发展期以及成熟期。就模块化的角度而言,学习模块知识的一个重要前提是深化学习系统知识,从初创期开始模仿学习系统知识,到成熟期才可以将系统知识以及模块知识全面吸收,这样才可能会进行自主技术创新,而在这个过程中需要不断地学习知识和对研发活动高投入。

刘明宇和骆品亮(2010)比较研究了品牌手机的集成创新模式与山寨手机的模块创新模式。就长尾理论的角度而言,占据长尾主体和大量市场的是品牌手机,特别是它占据了中高端市场,并通过纵向一体化模式形成了产品差异化,而处于长尾末端的是山寨手机,主要是占据了中低端市场,通过分散化的网络范围经济获得成本优势。品牌手机虽然具有品牌、技术等竞争优势,但是创新难度较大,山寨手机虽然上市时间晚于品牌手机,而且也没有品牌优势,同时缺乏核心技术,但是由于山寨手机能够对手机模块进行一定程度上的复制与模仿,以至于也可以获得一部分市场份额。对模块的模仿不断累积就可能会使模块组合方面有一定的创新,毋庸置疑,尽管山寨手机存在很多不足,但它的模块化创新明显降低了企业进入手机行业的壁垒,而且使竞争更加激烈。

所以对于企业而言,无论其采用哪一种创新模式,若想取得不断的竞争优势,只有持续学习新知识,以此提升自身创新能力,才有可能在一定层面制定技术标准。

新兴产业的技术创新通常被发达国家主导的模块化集成、模块化分解、模块架构重组所控制,模块化格局为中国创造了降低创新壁垒、拓展创新空间、削弱垄断优势的机会,中国新兴产业能够通过能力提升实现外围架构、外围模块、核心架构与核心模块的技术突破(武建龙等,2014)。战略性新兴产业具有模块化生产的特征,不同类型的战略性新兴产业具有不同的模块化生产程度,产品模块化、组织模块化、产业模块化、模块化分工、模块化协同对技术创新都具有正向效应(曹虹剑等,2015)。然而,模块化作为一种产品内分工方式,并没有对新产品附加值提升产生显著的正向效应,这与中国处于新型国际分工的低端环节是紧密相关的(程文和张建华,2013)。模块化协同在共性技术研发中发挥着重要的创新支撑作用,协同技术的模块主体通过工作流和知识流与协同平台相连,协同平台包含外部知识网络、内部知识库和技术基础设施,由此构成协同知识链(刘洪民和杨艳东,2016)。以信息产业为例,产业模块化子系统和产业创新子系统的有序度大致呈上升态势,但二者的协同度不高,并且呈波动态势(王海龙等,2014)。模块化对战略性新兴产业突破式创新的影响存在两面性,应当从模块创新和架构创新两个维度进行战略性新兴产业突破式创新路径选择,包括外围模块渗透、核心模块突破、架构规则重构、模块架构升级(武建龙和王宏起,2014)。

复杂产品系统是指研发投入高、研发周期长、技术密集、附加值高、以单件或小批量方式生产的产品系统。复杂产品系统一般包括大型计算机、航空航天系统、第三代通信工程、大型舰船、高速列车、大型精密机床及仪器等,复杂产品系统代表了一个国家高端装备与设备的设计制造技术。复杂产品系统属于资本和技术密集型产品,其技术创新效率直接影响着产业升级的潜力,因此,复杂产品系统创新对于国计民生的重要性不言而喻。相比一般产品,复杂产品系统创新对基础研究的要求高、创新风险大、创新难度大,组成产品系统的模块大多为针对特定用户的专用模块,这进一步加大了产品创新的难度。模块化是复杂产品系统创新的前提,产品系统的创新大多表现为专用模块的创新,并且按照"系统功能分析与模块划分——模块分包商的评价与选择——模块开发与模块协调——模块集成与系统调试——系统交付与完善"的流程来完成产品系统创新,在特定的产品系统创新过程中需要具体分析各个阶段的系统要求。

在国外有关模块化创新的文献中,一些学者深入研究了模块化创新的机理和影响,但是国内这方面的文献大多还是停留在某一特定产业的分析上,很少有学者对于国外文献中提出的关键问题进行后续研究,但是可以肯定的是,在对产业模块化创新的分析方面,国内学者作出的研究仍然具有相当程度的实践参考价值。

第四节　技术创新与产业升级

一、国外对技术创新与产业升级关系的研究

国外学者关于技术创新与产业升级的研究主要包括产业升级的内涵、吸收能力与创新二者之间的关系以及创新能力三个方面。

产业升级指在一定的区域范围内,通过学习能力、吸收能力以及创造能力等多种能力的提高与培养,更大范围地实现技术专业化以及一体化进程。换言之,产业升级离不开创新活动的支持(Pietrobelil 和 Rabellotti,2004)。产业升级所依靠的不仅是创新能力,更需要较高的创新效率,通过创新速度的提高才可以保证企业在竞争环境中不处于劣势,实现更快、更好的发展(Kaplinsky 和 Morris,2001)。

多位学者分别从吸收能力、技术改革(Antonelli,2008)、内生增长(Romer, 1990)以及演化经济学(Nelson 和 Winter,1982)等多个角度分析了影响产业升级的一些关键因素,完善了产业升级的相关理论研究。学者将产业升级的研究层次分为两类:一类是企业层面的产业升级,主要指企业通过对模块的选择实现从低端产品到高端产品的升级,或者实现价值链的跃迁;另一类是产业层面的产业升级,主体不仅包括企业,还包含相关的科研机构、高校以及相关的支持性产业。企业层面的产业升级与产业层面的产业升级相辅相成、密切相关,二者相互促进、共同提高,从而形成良性循环。并且随着信息技术的快速发展,知识溢出效应明显,企业产业之间的边界日益模糊,创新活动跨越了组织边界,网络化特征凸显,足见两个层次的共同作用对实现产业升级的重大意义。

国外诸多学者从特定产业的发展历程出发,对产业升级提出了建设性的理论补充。产业升级(Industrial Upgrading)最早由恩斯特于 1998 年提出,他通过对韩国电子产业的分析,发现产业升级不同于产业结构调整,前者依托于企业自身对知识的学习、吸收与创造,而后者是一种企业战略。产业升级一般有两条路径,一条路径是在产业价值链上实现从低附加值环节到高附加值环节的攀升,另一条路径则是对价值链的选择,实现价值链的跨越。随着全球化进程的加速,跨国公司在经济中发挥的作用与日俱增,相对应的全球价值链理论成为研究重点。从驱动因素视角分析,可以将全球价值链划分为生产者驱动和购买者驱动两种类型。全球价值链的升级包括工艺升级、产品升级、功能升级和链条升级四种方式(Humphrey 和 Schmitz,2000)。对于本土企业而言,必须依靠高效的创新,通过参与全球价值链的生产活动,积极学习、吸收先进的国外技术与管理知识,为产业升级奠定良好的基础(Schmitz 和 Knorringa, 2000)。产业升级不仅需要企业学习、吸收、创新能力的提高,也需要企业持续关注外界环境,了解市场变化,寻求企业与产业层面的步调一致以及国内外环境的动态平衡,因地制宜地制定产业升级战略。

　　创新能力的提高普遍依赖于两种学习方式，一种是"干中学"，即通过企业内部的长期实践，其获得的经验便内化为企业的特有知识，在此基础上提高了企业的创新效率；另一种则是"吸收—学习"，即企业通过参与模块部件的生产，积极开展学习活动吸收外部知识以提高企业的创新能力。由此可见，"吸收—学习"相对于"干中学"，突破了组织边界，更大程度上实现了组织内外技术知识的融合，推动了企业创新活动的开展，促进了企业的可持续发展。

　　企业开展创新活动对企业自身的知识基础与能力均有较高的要求，且离不开良好的知识吸收能力。其中，企业自身的知识存量是开展创新活动的基础，与开放式创新不同，其强调企业积极开展基础性知识研究。鼓励企业开展足够的内部基础研究，同时积极与大学、科研院所等开展交流学习，发掘那些具有价值的科学前沿知识，从而把握住新技术新市场的先机。熊彼特（Schumpeter，1939）提出发明不等同于创造，认为创新是通过对生产要素的重新配置，从而产生了新产品、新工艺或者新的商业模式，而这种新产出一定是可以给消费者带来足够的价值体验并促使用户的购买行为。因此，创新不仅仅是研发，也是对市场的选择，企业家不仅仅创建了商业网络，也有选择地引导着企业规模、组织形式以及商业模式的改变。

　　创新可以分为四类，即增量创新、模块创新、结构创新和突破创新（Henderson 和 Clark，1990；Ernst，2008）。创新的类型不同，所侧重的能力不同，但无论是哪一种创新类型，都面临着高风险与高成本，稍有不慎，则会创新失败，给企业生存带来致命打击。

　　产业升级离不开企业的技术创新，而技术创新能力具体指什么能力？又该如何衡量？国外学者认为企业的技术创新能力大致可以分为两种：一种是技术创新的"硬实力"，指企业是否具备开展研发活动的人财物等资源以及相关技术、专利是否完备；另一种是技术创新的"软实力"，通常指企业内部资源整合、综合治理、市场发现的能力以及企业家是否具备创新性的思维模式（Ernst，2007）。不同行业因其对技术要求的标准不同，其对"硬实力"和"软实力"的关注有所取舍,以 IT 行业为例,其对技术"硬实力"的要求较高,但因其技术的不稳定性,容易改变,创新的"瓶颈"在于"软实力"。关于创新能力的衡量,在亚洲地区,普遍使用专利数据作为关键性指标代表创新主体的创新能力(Wong,2006),在微观方面,则有学者通过问卷调查和访谈等一手数据测度创新能力的高低(Ernst 和 O'Connor,1992;Jefferson 和 Kaifeng,2004)。

与创新能力相关的两个重要概念为:一是整体视野,即对企业的创新活动要有一整套的问题解决方案,从模块的设计、分解与整合,到整个生成过程中所涉及的管理、运营、金融等方方面面,都需要系统的、详尽的、周密的战略部署以及对相应问题解决能力的培养与提高(Davies 等,2001)。具有该能力的代表性企业以美国和欧洲的大型电子类企业为主,亚洲除日本外,还有台积电、鸿海科技等优秀企业。二是专业化,即专业的技能与知识、专业的生产方式、专业的制度以及激励机制等。专业化有利于实现各个子系统的内在一致性,对一国创新体系的构建及良性循环意义重大。同时,专业化的产品和专业化的生产工艺,能够在产业初期发挥积极作用,也会更大限度地促进产业升级。但企业专业化要适度,否则也会成为技术创新的阻力,阻碍产业多元化的进程。

二、国内对技术创新与产业升级关系的研究

国内学者关于技术创新与产业升级方面的研究主要集中于产业升级的内涵、产业升级路径、技术创新与产业升级,并通过对中国特色产业的案例分析,提出可行的政策建议。

国内关于产业升级的研究始于 20 世纪 80 年代,吴崇伯(1988)最早提出了"产业升级"这个词汇,其强调产业结构的调整。20 世纪 90 年代以来,国内学者多次提出产业结构调整对于经济增长的重大意义,这里的产业结构调整主要指价值链的升级,与恩斯特(1998)所提出的产业升级在内涵上存在明显差别,是产业升级方式中最困难最具挑战性的升级方式,直接用以指导实践则

难出成效。根据汉弗莱和施密茨（Humphrey 和 Schmitz，2008）对产业升级方式的划分，可以分为工艺升级、产品升级、功能升级、链条升级四种。这四种升级方式是相互关联且循序渐进的，低层次的升级方式是诱发高层次升级方式的前提，其升级过程是不可逾越的，没有低层次的产业升级方式，就无法实现高层次的链条升级。

产业升级依托于价值链理论，且随着经济全球化的进程，国内很多学者关于技术创新与产业升级的研究多从全球价值链视角展开。国内学者普遍认为，技术创新是产业升级必要且唯一的条件。学者将技术创新简单划分为两类，一类是模仿创新，即依靠企业较强的学习与吸收能力，重视知识的积累与消化，通常需要以市场换技术；另一类是自主创新，即依靠企业自身的创新硬实力，重视企业内部的技术水平与科研实力，但沉没成本巨大。其中吸收能力在模仿创新与自主创新中起到一定的过渡作用。

由于中国在参与全球价值链环节中长期处于低端锁定的状态，主要从事低附加值的代工生产环节，迫切需要通过技术创新实现产业升级，因此，国内学者较多地开展了相应的对策研究，积极探讨国内价值链的产业升级路径。全球价值链是由技术先进的发达国家主导的，发展中国家通过参与全球化的国际分工可以更大程度上接触到先进的技术与科研成果，努力提高自身的学习能力以及对知识的吸收能力，以期实现在价值链上的跃迁。刘志彪（2009）通过对中国东部地区产业发展的长期追踪研究，发现东部地区在国际分工中扮演着代工生产的角色，其所依靠的优势在于低廉的人工成本，这种优势随着中国经济的发展将逐渐丧失，应及时将代工产业向中西部地区转移，缩小国内区域经济的差距，实现国内各地区的合理分工，避免东部地区产业"空心化"的危机。在此状况下，中国应积极发展国内价值链，与全球价值链相辅相成，谋求共同发展（刘志彪和张杰，2009）。以长三角地区为例，长期的代工业务虽然给当地的制造业注入了源源不断的活力，但在一定程度上抑制了企业的研发投入（于明超和杨柳，2011），使企业陷入低端锁定的陷阱，不仅对企业的长期发展不利,也将成为区域经济一体化的阻碍。积极构建国内价值链与参与全球价值链之间并无矛盾,国内价值链仍可以作为全球价值链的一部分参与国际分工,同时国内价值链也可以将某些高端环节向国外延伸,实现国内价值链的扩张,对产业升级、经济发展均有推动作用。

按照动力机制的划分,可以将全球价值链分为三类:生产者驱动型、购买者驱动型和混合驱动型。对于所处的不同类型的价值链,企业应因地制宜地选择相应的成长路径(江心英,2009)。例如对于生产者驱动型价值链的企业,其应将工作重心放在成本控制方面;对于购买者驱动型价值链的企业,其更应该注重发掘市场。如果本地产业处于全球价值链的中低端环节,在构建国内价值链时可能会导致高技术行业升级与低技术行业升级的扭曲关系,即前者对后者的挤出效应大于二者之间的互补效应,这不仅不利于生产性服务业的发展,而且抑制了低技术行业的升级,因此在产业转型升级的过程中,应该增强高技术行业与低技术行业的联动效应,促进行业内和行业间的知识溢出(赵放和曾国屏,2014)。中国参与国际分工的垂直专业化份额显示,出口品的国内附加值并没有随着出口贸易额的增长而同步增长,国外附加值所占比例依然较高(唐东波,2013)。

国内学者普遍认同技术创新是实现产业升级的必然路径,但关于该路径的实现形式存在不同观点。一般认为,产业升级的路径不一,包括产业内升级与跨产业升级,抑或是两种路径的结合,但其依赖于政府的制度安排。徐康宁和冯伟(2010)在此基础上,提出了一种新型的技术创新模式,即模仿创新与自主创新二者之间的结合,其以本地市场为基础,鼓励企业与国外企业建立合作,享受知识溢出效应。周绍东和刘冰(2015)以电力行业为例,认为产业升级的"第三条路径"在于建立技术创新与内需扩张的内生联动机制,摆脱对全球价值链的依赖,积极构建国家自主的价值链。

张鹏和王娟(2016)指出,全球生产网络对中国产业升级具有结构锁定效应,沿着既有技术路径的线性升级难以具有可持续性,应该继续扩大设备投资和研发投入的规模,充分发挥系统创新与模块创新的协同作用,增强全产品系统的竞争力。陈超凡和王赟(2015)指出,发达国家对中国装备制造业的技术封锁是一种常态,中国装备制造企业应该在嵌入全球价值网络的同时,充分利用知识和技术交流的机会,实现吸收能力与创新能力的连通,提高自主设计开发能力,实现"通用模块—专用模块—系统总成"的功能升级。装备制造业应该构建开放式创新平台,积极参与高附加值环节的活动,在海外拓展中推进价值链逆向重构。

国内学者以某些特定产业作为典型案例探讨了其可行的产业升级路径。谭力文等(2008)对我国服装产业进行了深入分析,认为国内服装产业陷入技术创新的"低端锁定"陷阱,必须加大技术研发力度,重视产品设计,积极培育产业升级所需要的知识学习与吸收能力。周彩虹(2009)通过实证研究,分析了长三角地区制造业产业升级受限的影响因素,验证了技术创新对于产业升级以及区域经济发展的重要作用。空欣欣和邢超(2005)通过电子产业的研究,认为技术引进、技术转移可以实现较好的产出增量,而自主研发虽然产出增量不明显,但对于产业升级却是至关重要的,应注重三者的有机结合,降低产业升级的风险与成本。

部分学者从微观层面开展技术创新与产业升级的研究,分析了中国企业的创新现状,并提出了促进企业创新的可行性意见。学者普遍认为,中国企业的创新缺乏突破性创新,多以渐进性创新为主,究其原因在于创新投入力度不足,国家应出台相应的创新鼓励政策,积极营造良好的创新氛围,健全相应的法律以保护创新成果,更大程度上实现创新资源的公平配置。孙喜(2014)以车用柴油机工业为例,指出中国制造业必须在高强度技术学习的基础上进行产品开发,政府应该以积极的产业和技术政策来支持企业进行自主研发,提高产品创新的效率和频率,避免由于技术能力缺陷而受制于国外先进企业,从而陷入产业升级困境。

自主创新对产业升级的正向效应是显而易见的,产业升级对自主创新也存在一定的正向效应。产业升级通过微观层面的需求拉动效应、中观层面的区域协同效应、宏观层面的国际贸易效应带动企业、地区、国家层面的自主创新,但这种带动作用具有显著的空间异质性,中国东部、中部、西部经济发展程度的差异性导致产业升级对自主创新的带动作用也具有差异性。就政策含义而言,应该将自主创新能力培育融入产业升级过程中,有针对性地选择优势产业进行相应支持,同时充分考虑地区差异对产业选择的影响(吴丰华、刘瑞明,2013;李伟庆和聂献忠,2015)。

关于技术创新与产业升级的研究,国内外学者基本达成一个共识,即技术创新是实现产业升级的必然路径,但技术创新的方式不同,主要有自主创新与模仿创新,二者的有效融合至关重要。产业升级不仅需要企业自身加大研发投入力度,培育知识学习与吸收能力,促使技术创新的出现,也需要政府的政策支持。产业升级主要是针对发展中国家而言的,旨在摆脱国内企业在参与国际分工时被全球价值链"低端锁定"的状况,对区域产业经济发展具有推动作用。

第二章　模块化分工的技术溢出效应

　　在新型国际分工格局中,中国制造业长期承担一般零部件加工、产品组装等低附加值环节的生产活动。中国制造业参与国际分工的主要方式是融入由发达国家主导的垂直专业化分工。发达国家基于其自身利益诉求,在一定程度上对参与垂直专业化分工的发展中国家进行技术封锁和品牌控制,以求在最大程度上降低核心技术外溢的可能性。然而,在经济全球化的主流趋势下,由于国际市场竞争加剧,追求低成本、高效率的发达国家跨国公司不得不给参与垂直专业化分工的发展中国家代工企业一定的技术支持。新兴经济体的出现使发展中国家对世界经济的贡献大幅度提升,这种情形不仅有利于拓展中国在全球市场的生产网络,而且有利于提升中国在全球价值链中的相对地位。因此,在垂直专业化进程中,发达国家企业一方面对参与国际分工的发展中国家企业进行利润压榨与技术遏制,另一方面又迫于国际市场形势的压力,为代工企业提供一定的技术支持和管理培训,以便提高产品和服务竞争力。那么,参与垂直专业化分工对于中国企业是否能够产生技术溢出? 技术溢出的影响因素是什么? 模块化分工是以垂直专业化为基本特征的,基于此对模块化分工的技术溢出效应进行经验分析,分别从中国制造业行业层面与地区层面探究模块化国际分工对中国制造业技术创新能力的影响。

第一节　技术溢出的研究方向与方法

一、国外对技术溢出的研究

在外国直接投资中,生产非一体化和国际分工水平较高的产业主要依托于垂直专业化的产业组织方式。垂直专业化分工方式使外国直接投资对东道国可能产生行业内溢出和行业间溢出。东道国相关行业的企业可以通过模仿学习获取新知识,也可以在市场竞争的激励下实现突破式创新。此外,外国直接投资对相关联的上下游产业的产出水平和技术进步也会产生影响。需要注意的是,外国直接投资对东道国是否存在技术溢出? 如果存在,是什么因素影响了技术溢出?

国外学者对外国直接投资的技术溢出效应已经做了大量研究。在研究初期,主要基于案例和行业数据对产业内水平溢出进行研究。由于案例研究主要针对特定的投资与国别,所以适用性不强。基于行业数据的研究方向主要集中于产业内的水平溢出。艾特肯和哈里森(Aitken 和 Harrison,1999)采用企业面板数据研究发现,外国直接投资对委内瑞拉当地企业并没有产生促进作用,水平溢出效应为负向,主要表现在当地企业的生产效率降低,产出减少。杰文斯克(Javorcik,2004)采用公司层面数据对立陶宛的企业进行研究,表明这种溢出效应只与国内外共同合作项目有关,与外国直接投资无关,并且同类行业的企业没有通过外国直接投资获得技术溢出。实际上,在可能产生水平溢出的情况下,由于同类行业间的竞争关系,跨国公司一般会对自己的核心技术进行封锁,使技术溢出效应难以发生。因此,先进国家对落后国家的外国直接投资难以产生水平溢出效应,或者会由于竞争机制而产生负向效应。

后来,学者发现,可能是技术溢出的研究方向存在问题,转而研究垂直方向的技术溢出效应,即行业间技术溢出效应。研究发现,外国直接投资的进入虽然能够在一定程度上避免核心技术泄露,降低了被竞争对手获取核心技术的风险,但是在供应链方面却产生了明显的前后向关联效应,使供应商的生产更有效率,提高其管理或技术水平,高质量产品的输送使下游企业同时也获得前向技术溢出的好处。同时,获得行业间的技术溢出也是附有条件的。贾科夫和赫克曼(Djankov 和 Hoekman,2000)采用企业面板数据对捷克的溢出效应进行研究,发现外国直接投资对本地下游部门具有正向作用,但是对本地上游企业却具有负向作用,捷克国内由于技术差距无法向跨国公司提供原材料,过大的技术差距阻碍了跨国公司向本地企业转移新知识和新技术,外国直接投资对本地企业的产出产生了挤出效应。利耶尔等(Lyer 等,2004)通过对 20 个经济合作与发展组织(Organization for Economic Cooperation and Development,OECD)国家的面板数据考察了不同形式外国直接投资对当地技术效率的影响,认为人力资本提高了企业的技术吸收能力,从而提高了技术溢出的程度。福克(Falk,2015)基于对中东欧 8 个国家 38000 家企业数据的分析,发现跨国企业与供应商的创新产出有着积极的联系,但是必须在供应商与跨国公司的技术差距不太大的时候,供应商才有可能获取技术溢出的好处,才有动力进行技术创新,提高生产效率。因此,垂直方向的行业间技术溢出是存在的,但是在不对称技术能力的外国直接投资情形下,本地企业亟须增强自身吸收能力,才能获取正向溢出,从而提升技术创新能力。

二、国内对技术溢出的研究

随着中国"走出去、引进来"战略的实施,中国的外国直接投资规模不断扩大。2020 年流入中国的外国直接投资达到 1443.7 亿美元。[①] 国内垂直专业化下的外国直接投资技术溢出效应同时也成为一个研究热点。大多数学者通过采用工业行业面板数据进行经验研究,由于数据来源和研究方法不同,研

---

① 数据来源:国家统计局:《中国统计年鉴 2021》,中国统计出版社 2021 年版,第 7 页。

究结论也不尽相同。一部分学者认为,垂直专业化分工背景下的技术溢出效应是不确定的,而且与行业异质性有关。外国直接投资对劳动密集型行业的溢出效应有限,对资本密集型和技术密集型行业具有正向溢出效应。因为相比劳动密集型行业,资本密集型和技术密集型行业具有较高的技术水平,并且具有较强的知识吸收能力,对于技术、知识和管理等要素水平的提升更为关注。洪世勤和刘厚俊(2015)通过系统动态广义矩估计方法考察了外国直接投资对制造业出口技术结构的影响,指出外国直接投资的技术外溢效应依赖于行业的要素密集度和水平,在技术与知识水平较高的行业中,外溢效应较强,这不仅与行业的吸收能力有关,而且与行业的属性相关。钱等(Jeon 等,2013)采用企业面板数据分析外国直接投资对不同技术水平行业的溢出效应,结果发现,行业内的水平溢出效应显著为负,在低端技术行业中负向效应尤为突出,但是在不同技术水平下,外国直接投资对行业间具有显著的垂直溢出效应。

另一部分学者认为,垂直专业化分工促进了中国制造业技术进步。李慧燕和李宏(2014)利用随机前沿分析(Stochastic Frontier Analysis,SFA)方法和三要素超对数函数把中国制造业技术进步分解为技术效率和技术进步效率,发现垂直专业化分工有助于技术效率的提高,技术密集水平和研发投入对技术进步效率具有促进作用。还有不少学者采用数据包络分析和曼奎斯特指数对技术进步进行实证分析。戴魁早(2012)利用高技术产业数据,采用曼奎斯特指数和动态面板广义矩估计方法分析了垂直专业化分工对创新效率的影响,发现垂直专业化分工对创新效率、技术进步均有正向作用。沈春苗(2016)利用 14 个细分行业的面板数据,针对垂直专业化分工与技能偏向性进步的关系进行了实证分析,发现垂直专业化分工促进了制造业的技能偏向性技术进步,推动了中国制造业的转型升级。

还有一部分学者对垂直专业化分工能够促进技术进步持质疑观点。王昆和黎晓(2017)以省级面板数据为基础,通过工具变量估计与广义矩估计方法,分析了垂直专业化分工对全要素生产率(Total Factor Productivity,TFP)的影响,发现全要素生产率的提升主要体现在垂直专业化分工与人力资本投入的交互作用,但是垂直专业化分工与资本存量的交互作用则会因为挤出效应而阻碍全要素生产率的上升。李静和楠玉(2016)通过构建均衡理论模型发现,如果在国际分工中,发展中国家对发达国家的技术存在依赖,垂直专业化会"挤出"研发人力投入水平,使发展中国家人力资本长期锁定在低端技术水平,削弱技术创新能力。因此,垂直专业化的深入过程必须有相匹配的研发人力投入,才能促进技术进步,提高技术创新能力。

第二节　制造业行业面板数据回归模型

一、假设提出与回归方程设定

基于文献回顾,模块化分工给中国带来的不仅有正向溢出效应,同时也可能存在负向溢出效应。模块化分工可以促进制造业技术进步、产业升级,也会由于资源配置的"挤出"而导致基础研究投入不足,由此产业核心技术难以实现突破创新,难以发生产品技术距离的跃迁。因而提出以下假设:

H1:模块化分工水平对行业研发投入具有负向效应。

通过行业研发人力投入与资本投入来表征行业研发投入水平,故将 H1 分解为两个假设。

$H1_a$:模块化分工水平对行业研发人力投入具有负向效应,即模块化分工水平越高,行业研发人力投入越少。

$H1_b$:模块化分工水平对行业研发资本投入具有负向效应,即模块化分工水平越高,行业研发资本投入越少。

H2:模块化分工水平对行业研发产出具有正向效应,即模块化分工水平越高,行业研发产出越高。

设定如式(2-1)所示回归方程对三个假设进行检验：

$$research_{it} = \beta_0 + \beta_1 mod_{it-1} + \beta_2 sca_{it} + \beta_3 ass_{it} + \beta_4 ope_{it} + \beta_5 inn_{it} + u_i + v_t + \varepsilon_{it}$$

$$(2-1)$$

被解释变量 $research$ 分别为行业研发人力投入(lab)、研发资本投入(exp)、研发产出(pat)，如式(2-2)、式(2-3)、式(2-4)所示：

$$lab_{it} = \beta_0 + \beta_1 mod_{it-1} + \beta_2 sca_{it} + \beta_3 ass_{it} + \beta_4 ope_{it} + \beta_5 inn_{it} + u_i + v_t + \varepsilon_{it}$$

$$(2-2)$$

$$exp_{it} = \beta_0 + \beta_1 mod_{it-1} + \beta_2 sca_{it} + \beta_3 ass_{it} + \beta_4 ope_{it} + \beta_5 inn_{it} + u_i + v_t + \varepsilon_{it}$$

$$(2-3)$$

$$\ln pat_{it} = \beta_0 + \beta_1 mod_{it-1} + \beta_2 sca_{it} + \beta_3 ass_{it} + \beta_4 ope_{it} + \beta_5 inn_{it} + u_i + v_t + \varepsilon_{it}$$

$$(2-4)$$

其中，t 表示时间维度，i 表示行业维度。由于面板数据的时间序列为 2010—2019 年，在此期间，行业分类出现了合并、减少、新设等情况，因此，为了突出行业代表性，将制造业合并为 27 个行业。[①] 被解释变量中，lab 为研发人力投入水平，exp 为研发资本投入水平，pat 为研发产出水平；解释变量 mod 为产业模块化水平；控制变量中，sca 为企业平均规模，ass 为人均固定资产净值，ope 为对外开放度，inn 为创新转化率。β_0 为总体截距项，u_i 为截面效应，v_t 为时间效应，ε_{it} 为随机扰动项。

---

① 27 个制造业行业为：(1)农副食品加工业；(2)食品制造业；(3)酒、饮料和精制茶制造业；(4)烟草制品业；(5)纺织业；(6)纺织服装、服饰业；(7)皮革、毛皮、羽毛及其制品和制鞋业；(8)木材加工和木、竹、藤、棕、草制品业；(9)家具制造业；(10)造纸和纸制品业；(11)印刷和记录媒介复制业；(12)文教、工美、体育和娱乐用品制造业；(13)石油、煤炭及其他燃料加工业；(14)化学原料和化学制品制造业；(15)医药制造业；(16)化学纤维制造业；(17)橡胶和塑料制品业；(18)非金属矿物制品业；(19)黑色金属冶炼和压延加工业；(20)有色金属冶炼和压延加工业；(21)金属制品业；(22)通用设备制造业；(23)专用设备制造业；(24)交通运输设备制造业；(25)电气机械和器材制造业；(26)计算机、通信和其他电子设备制造业；(27)仪器仪表制造业。

二、变量选择与数据来源

被解释变量研发人力投入(*lab*)采用研发人员数占从业人员数的比例来衡量,研发资本投入(*exp*)采用研发活动经费内部支出占产品销售收入的比例来衡量,研发产出(*pat*)采用专利申请受理量来衡量,由于专利申请受理量较大,故取对数进行处理,在回归模型中用 lnpat 表示。

核心解释变量为模块化水平(*mod*),技术模块化是对产品技术特征的相关描述,但这里提到的模块化水平是在技术的模块化内嵌以匹配的生产组织方式形成的产业模块化水平。模块化水平的变化对行业产生的影响往往具有滞后效应,故采用其滞后一期的数据进行衡量。

此外,选取企业平均规模(*sca*)、人均固定资产净值(*ass*)、对外开放度(*ope*)、创新转化率(*inn*)作为控制变量。企业规模可以在一定程度上表示该企业的市场竞争力,规模越大,则企业的市场竞争力越强,带来的市场影响力越大,因而在垄断竞争中会形成激励并产生新的创新动力,但同时也会造成创新惰性。采用工业销售产值与企业数量的比值来表示企业平均规模。人均固定资产净值可以表现出资本集中度,创新成果的出现一般总是伴随较高的资本集中度,采用固定资产净值与从业人数的比值进行衡量。对外开放度表示市场对外开放的程度,对外市场竞争力的不断增强,其在一定水平上可以促进企业创新活力,获取技术进步,这里采用出口交货值与工业销售产值的比值进行衡量。创新转化率反映企业创新产品的转化产出水平,创新转化率高,则会产生创新惯性,不断加大新产品的研发投入力度,因此采用新产品销售收入占产品销售收入的比例来衡量。

被解释变量研发人力投入、研发资本投入、研发产出的原始数据来自2011—2020 年的《中国科技统计年鉴》,测算模块化水平所用原始数据来自2009—2020 年的《中国工业统计年鉴》及国家统计局网站,控制变量企业平均规模、人均固定资产净值、对外开放度的原始数据来自 2011—2020 年的《中国工业统计年鉴》,创新转化率的原始数据来自 2011—2020 年的《中国科技统计年鉴》。①

三、产业模块化水平的测算

垂直专业化水平通常可以表现为模块化水平,两者密切关联。关于垂直专业化水平的测度,以往研究通常采用以下三种方法。一是胡默尔斯和石川(Hummels 和 Ishii,2001)提出垂直专业化水平采用进口中间投入品在出口产品价值中的价值比例,通过垂直专业化份额(Vertical Specialization Share,VSS)进行衡量,利用投入产出表和行业间消耗系数矩阵计算求得。二是获取中间产品贸易和加工服务贸易的行业海关数据进行计算,但是在实际中此类数据获取较为困难。三是采用增加值法,用中间品投入占总产出的比重来反映垂直专业化水平,采用工业增加值份额度量模块化水平,即工业增加值份额=1-价值增值/总产出。由于垂直专业化水平侧重于计算全球价值链上不同的专业分工,而产业模块化水平主要考虑国内该产业在国际产业链上的分割和增值比重,既包括产品生产的分割,同时也包括组织服务的分割。因此,第三种方法更为适用产业模块化水平的测算。

参照工业增加值份额的测算方法,模块化水平=1-工业增加值/工业销售产值,原始数据来自 2009—2020 年的《中国工业统计年鉴》,2008—2019 年各行业工业增加值由每一期间增加值的平均增长率以及出厂价格指数推算得到。各行业工业增加值年平均增长率及出厂价格指数原始数据来自国家统计局网站。表 2-1 列出了通过测算得到的 2010—2019 年 27 个制造业的模块化水平。

---

① 由于行业分类发生变化,统计口径也发生了变化,2010 年的数据采用"大中型工业企业",2011—2019 年的数据采用"规模以上工业企业"。

表 2-1　2010—2019 年 27 个制造业模块化水平

年份 行业	2010	2011	2012	2013	2014	2015	2016	2017	2018	2019
1	0.726	0.729	0.756	0.771	0.778	0.788	0.801	0.815	0.817	0.823
2	0.682	0.686	0.690	0.722	0.725	0.727	0.734	0.752	0.761	0.778
3	0.624	0.620	0.615	0.651	0.656	0.665	0.677	0.695	0.705	0.721
4	0.260	0.230	0.209	0.267	0.274	0.259	0.314	0.344	0.333	0.381
5	0.736	0.732	0.722	0.735	0.749	0.749	0.721	0.733	0.737	0.745
6	0.694	0.694	0.703	0.721	0.713	0.681	0.742	0.759	0.767	0.782
7	0.711	0.706	0.691	0.707	0.707	0.690	0.743	0.757	0.771	0.786
8	0.710	0.700	0.713	0.734	0.733	0.719	0.735	0.752	0.762	0.771
9	0.727	0.727	0.739	0.760	0.763	0.750	0.759	0.778	0.786	0.801
10	0.720	0.720	0.726	0.730	0.738	0.724	0.722	0.714	0.719	0.728
11	0.665	0.666	0.684	0.705	0.704	0.670	0.701	0.755	0.767	0.783
12	0.730	0.729	0.712	0.724	0.722	0.677	0.890	0.903	0.907	0.913
13	0.846	0.825	0.845	0.838	0.863	0.876	0.879	0.877	0.875	0.849
14	0.730	0.720	0.739	0.740	0.757	0.767	0.771	0.779	0.780	0.774
15	0.620	0.619	0.617	0.655	0.662	0.669	0.686	0.706	0.719	0.736
16	0.808	0.798	0.772	0.756	0.778	0.805	0.786	0.781	0.773	0.766
17	0.733	0.727	0.760	0.796	0.830	0.844	0.844	0.851	0.854	0.857
18	0.681	0.681	0.703	0.729	0.734	0.733	0.741	0.760	0.769	0.774
19	0.721	0.730	0.763	0.740	0.751	0.765	0.766	0.762	0.748	0.708
20	0.748	0.748	0.736	0.714	0.751	0.765	0.756	0.758	0.753	0.742
21	0.733	0.732	0.747	0.753	0.754	0.736	0.770	0.779	0.780	0.783
22	0.718	0.716	0.734	0.749	0.749	0.732	0.698	0.718	0.723	0.729
23	0.703	0.702	0.718	0.742	0.743	0.731	0.743	0.761	0.767	0.779
24	0.753	0.737	0.739	0.764	0.772	0.763	0.765	0.772	0.778	0.788
25	0.740	0.741	0.742	0.751	0.759	0.755	0.755	0.765	0.768	0.773
26	0.781	0.794	0.779	0.784	0.785	0.771	0.773	0.780	0.778	0.783
27	0.721	0.726	0.710	0.728	0.728	0.717	0.648	0.661	0.670	0.688

注:编号与行业对应,模块化水平=1-工业增加值/工业销售产值。

第三节　制造业行业面板数据回归分析

运用 Stata 14.0 对数据进行分析,表2-2列出了各变量的描述性统计结果。

表2-2　变量的描述性统计

变量	观测值个数	均值	标准差	最小值	最大值
lab	270	0.0289089	0.0230658	0.001	0.102
exp	270	0.0103815	0.0073179	0.0012288	0.0451467
pat	270	11854.07	19079.71	114	103504
mod	270	0.7288344	0.100765	0.2088118	0.9130712
sca	270	7.269845	11.69427	1.001145	72.33451
ass	270	18.61933	17.37417	1.25689	102.4353
ope	270	0.1737823	0.1754634	0.0040245	0.7462597
inn	270	0.1384155	0.0873451	0.0099114	0.5842124

一、回归分析

首先对模块化水平、企业平均规模、人均固定资产净值、对外开放度、创新转化率五个解释变量之间的多重共线性进行检验,如果存在严重的多重共线性,则难以保证回归结果的可信度。通过方差膨胀因子检验法得到方差膨胀因子的平均值为4.24,小于10,表明各个解释变量之间不存在多重共线性。

为了检验 H1$_a$、H1$_b$、H2,分别对研发人力投入、研发资本投入、研发产出与模块化水平的相关性进行分析。由于存在行业异质性,在进行面板数据回归时采用固定效应模型或随机效应模型。混合估计模型(Ordinary Least Square,OLS)的假设是不存在个体效应,回归方程的结果在截距项与斜率项上表现一致,难以反映行业个体异质性,故不采用混合估计模型。固定效应模型与随机效应模型的区别主要在于误差项是否与解释变量相关。随机效应模型假定误差项与解释变量不相关,将个体效应或时间效应作为随机变量;而固定效应模型假定误差项与解释变量是相关的,将个体效应或时间效应作为固定的常数。对于选择固定效应模型还是随机效应模型,通常采用 Hausmann 检验来进行判断。Hausmann 检验原假设为随机效应模型,如果拒绝原假设,则采用固定效应模型。

表 2-3 显示了 27 个工业行业面板数据回归结果。由 Hausmann 检验结果可知,对被解释变量的回归应采用固定效应模型。从表 2-3 中可以看出,模块化水平对研发人力投入和资本投入具有显著的负向效应。这表明模块化分工程度越高,研发人力投入和资本投入越少,从而分别验证了 $H1_a$ 和 $H1_b$。模块化水平对研发人力投入和资本投入的影响系数分别是 -0.0812 和 -0.0344,说明模块化水平的提升会使研发活动资源减少,使"挤出"的这一部分资源转而投向其他方面的活动,包括原材料购买、专利技术使用、设备引进等,国际垂直专业化分工水平的提升导致了国内研发活动资源的减少。此外,模块化水平对表征研发产出的专利申请受理量具有显著的正向效应,因此 H2 成立,这表明模块化分工程度越高,行业研发活动产出越高,说明模块化水平的提升有利于提升企业的技术创新能力。

表 2-3　制造业行业面板数据回归结果

变量	*lab*		*exp*		ln*pat*	
	FE	**RE**	**FE**	**RE**	**FE**	**RE**
mod(−1)	−0.0812 ** (−2.39)	−0.0405 ** (−2.10)	−0.0344 *** (−4.03)	−0.0179 *** (−3.24)	4.5728 *** (5.29)	6.1982 *** (7.03)
sca	−0.0002 (−1.01)	−9.53e−06 (−0.06)	−0.0000 (−0.22)	−0.0000 (−0.96)	0.0067 (1.13)	−0.0096 (−1.52)
ass	−0.0005 *** (−3.93)	−0.0002 (−1.63)	−0.0002 *** (−4.76)	−0.0001 *** (−4.94)	0.0568 *** (16.50)	0.0490 *** (13.06)

续表

变量	lab		exp		ln*pat*	
	FE	RE	FE	RE	FE	RE
ope	0.0120 (0.93)	0.0032 (0.32)	0.0089*** (2.75)	0.0058** (2.06)	−5.0047*** (−15.25)	−4.3709*** (−11.69)
inn	−0.0053 (−0.24)	−0.0906*** (5.06)	0.0197*** (3.57)	0.0333*** (6.64)	−0.6888 (−1.23)	0.1253 (0.19)
常数项	0.0983*** (3.99)	0.0485*** (3.28)	0.0343*** (5.55)	0.0206*** (4.84)	4.9019*** (7.83)	3.7584*** (5.51)
R^2	0.1848	0.2341	0.4054	0.3185	0.8526	0.0280
F 或 χ^2	10.79 (0.000)	43.83 (0.000)	32.46 (0.000)	139.19 (0.000)	275.39 (0.000)	885.06 (0.000)
F(ui = 0)	8.30 (0.000)		12.97 (0.000)		98.19 (0.000)	
Hausmann-χ^2	114.35 (0.000)		158.54 (0.000)		430.83 (0.000)	
N	270	270	270	270	270	270

注:*、**、***分别表示 10%、5%、1%显著性水平;变量的估计系数和常数项括号内为 t 统计量,F 检验和 Hausmann 检验括号内为 p 值;根据 Hausmann 检验结果,对三个被解释变量的回归均选择固定效应模型。

　　企业规模对研发活动的人力投入、资本投入具有负向作用,对研发产出具有正向作用,但均不显著。人均固定资产净值对研发活动的人力投入、资本投入具有显著的负向作用,但对研发产出具有显著的正向作用,表现为资本集中度越高,相对投入研发活动的人力与资本越少,但研发产出越多的现象。虽然人均固定资产净值对研发活动的人力与资本的影响系数较小,但是该现象的出现说明了行业的创新效率得到了一定程度的提升,内部组织机制、技术创新机制等得到改善。对外开放度对研发活动人力投入没有显著的正向作用,但对研发资本投入具有显著的正向作用,表明了中国当前工业行业高水平的对外开放度,利润的获取主要依赖于利用资本引进新技术、新设备从事加工再出口的代工模式,而不是通过国内研发人员自主创新,开展研发活动获取创新优势。对外开放度对研发产出显著的负向作用也恰好说明了这一点,影响系数为-5.0047,说明对外开放度水平的提升对研发产出具有显著的负向效应。创新转化率对研发活动人力投入的影响为负,但并不显著,对研发活动资本投入具有显著的正向作用,对研发产出具有负向作用,但不显著。这表明创新转化率的提高促进了研发活动的资本投入,但仅仅重视资本投入是难以实现创新价值的,相反会使投入资本的效率降低,形成沉没成本,造成资本要素资源的浪费。

二、稳健性检验

为了使上述分析结论具有可靠性,通过工具变量法对回归结果进行稳健性检验。工具变量采用核心解释变量模块化水平(mod_{it-1})的滞后一期,即模块化水平的滞后两期(mod_{it-2})。结果如表2-4所示,根据Hausmann检验结果,被解释变量研发人力投入、研发资本投入、研发产出都适合选择工具变量法进行回归。模块化水平对三个被解释变量的作用与采用固定效应模型在显著性、影响方向上保持一致,并且系数略有增加。人均固定资产净值、对外开放度、创新转化率对三个被解释变量的影响也与固定效应模型回归结果相似,由此验证了行业面板数据回归结果的稳健性。

表 2-4　制造业行业面板数据回归的稳健性检验结果

变量	lab		exp		lnpat	
	FE	IVFE	FE	IVFE	FE	IVFE
$mod(-1)$	-0.0812** (-2.39)	-0.1099** (-2.09)	-0.0344*** (-4.03)	-0.0390*** (-3.01)	4.5728*** (5.29)	5.6398*** (4.95)
sca	-0.0002 (-1.01)	-0.0000 (-0.23)	-0.0000 (-0.22)	0.0000 (0.31)	0.0067 (1.13)	-0.0049 (-0.79)
ass	-0.0005*** (-3.93)	-0.0003** (-1.80)	-0.0002*** (-4.76)	-0.0001*** (-2.91)	0.0568*** (16.50)	0.0504*** (13.49)
ope	0.0120 (0.93)	0.0093 (0.59)	0.0089*** (2.75)	0.0101** (2.59)	-5.0047*** (-15.25)	-4.2731*** (-12.48)

变量	*lab*		*exp*		ln*pat*	
	FE	IVFE	FE	IVFE	FE	IVFE
inn	−0.0053 (−0.24)	−0.1197 (−0.52)	0.0197*** (3.57)	0.0174*** (3.07)	−0.6888 (−1.23)	−1.0972* (−2.21)
常数项	0.0983*** (3.99)	0.1143*** (3.07)	0.0343*** (5.55)	0.0366*** (4.00)	4.9019*** (7.83)	4.3134*** (5.36)
R^2	0.1848	0.1216	0.4054	0.3757	0.8526	0.8633
F 或 Wald−χ^2	10.79 (0.000)	854.13 (0.000)	32.46 (0.000)	1918.98 (0.000)	275.39 (0.000)	174601.68 (0.000)
F(ui=0)	8.3 (0.000)	6.41 (0.000)	12.97 (0.000)	11.05 (0.000)	98.19 (0.000)	111.29 (0.000)
Hausmann−χ^2	13.49 (0.0192)		11.48 (0.0427)		176.31 (0.000)	
N	270	243	270	243	270	243

注:*、**、*** 分别表示 10%、5%、1% 显著性水平;变量的估计系数和常数项括号内为 t 统计量,F 检验和 Hausmann 检验括号内为 p 值;根据 Hausmann 检验结果,三个被解释变量均适合选择工具变量法回归。

根据实证分析结果可以看出,模块化分工程度越高,行业研发人力投入、研发资本投入资源越少;与之相反,模块化分工程度越高,研发活动产出越多。虽然在回归模型中采用了专利申请受理量来表示技术创新成果,但是专利申请受理量是否能够完全代表研发活动的创新产出成果,还需要进一步的分析。

第四节 地区面板数据回归模型

国内专利授权量为三种专利授权量之和,三种专利分别为发明专利、实用新型专利以及外观设计专利。国家统计局的数据显示,2019 年,国内专利授权量为 2474406 件,同比增长 6%。其中,发明专利授权量为 360919 件,同比增长 4.3%;实用新型专利授权量为 1574205 件,同比增长 7%;外观设计专利授权量为 539282 件,同比增长 4.2%。如图 2-1 所示,2010—2013 年,专利授权量呈现逐年递增态势,2014 年略有下降,2015 年又呈现急剧上升的态势。

（单位：件）

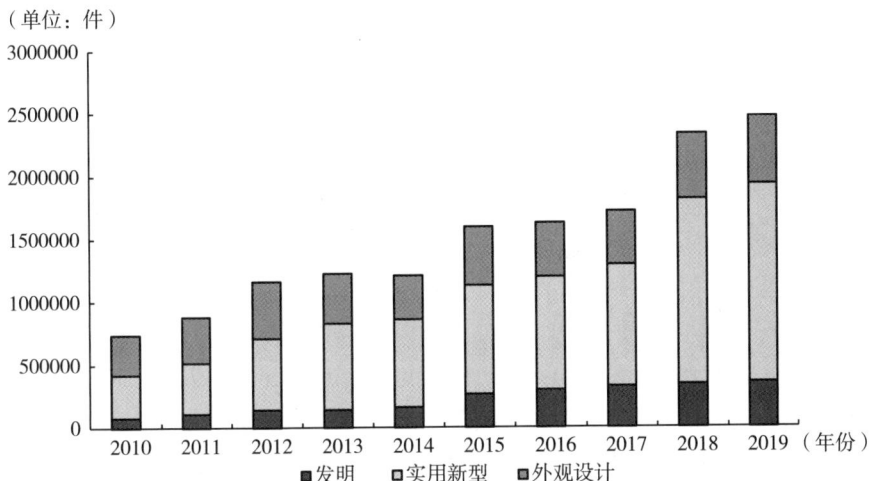

图 2-1　2010—2019 年国内三种专利授权量变化

图 2-2 显示了国内三种专利授权量占比变化情况。2010—2019 年,三种专利中,发明专利所占比例最低,平均占比为 14.4%,远低于其他两种专利所占比例。外观设计专利占比呈现逐年下降的态势,2019 年外观设计专利授权量占比为 21.8%。实用新型专利占比呈现先下降后上升的态势,2019 年实用新型专利授权量占比为 63.6%。[1] 由此可以看出,我国专利产出结构不够合理,与国际通行标准相比有一定的差距,三种专利代表的技术创新水平也各不相同,差异较大,其中,发明专利的技术含量最高。因此,以专利授权总量作为研发产出的核心指标来分析模块化水平与研发产出的关系具有一定的局限性,有必要深入分析模块化水平与表征研发产出的三种专利之间的关系。

---

[1]　资料来源:国家统计局:《中国统计年鉴 2012》,中国统计出版社 2012 年版,第 799 页;国家统计局:《中国统计年鉴 2014》,中国统计出版社 2014 年版,第 626 页;国家统计局:《中国统计年鉴 2016》,中国统计出版社 2016 年版,第 653 页;国家统计局:《中国统计年鉴 2018》,中国统计出版社 2018 年版,第 661 页;国家统计局:《中国统计年鉴 2020》,中国统计出版社 2020 年版,第 646 页。

（单位：%）

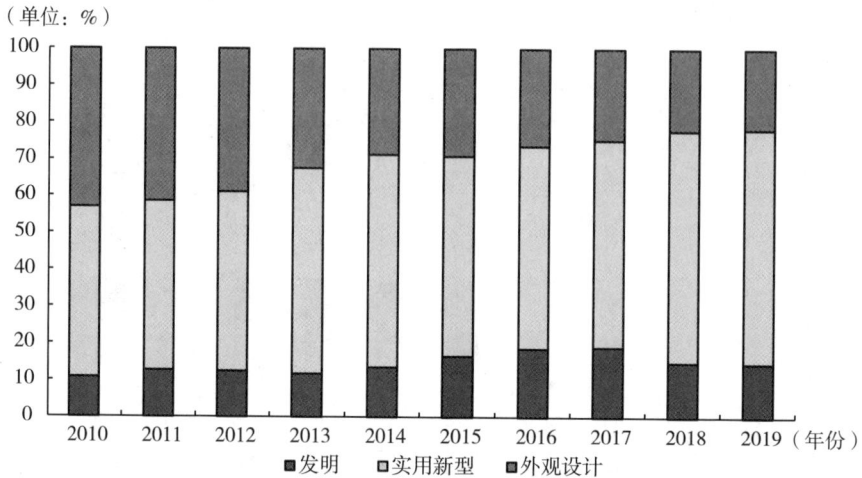

图2-2　2010—2019年国内三种专利授权量占比变化

一、假设提出与回归方程设定

考虑到地区三种专利数据的易得性,从中国省域层面出发,探讨模块化水平对三种专利产出的影响,因此提出以下假设:

H3:地区模块化水平对发明专利申请授权量具有正向效应,模块化水平越高,发明专利申请授权量越多。

H4:地区模块化水平对实用新型专利申请授权量具有负向效应,模块化水平越高,实用新型专利申请授权量越少。

H5:地区模块化水平对外观设计专利申请授权量具有负向效应,模块化水平越高,外观设计专利申请授权量越少。

建立如式(2-5)、式(2-6)、式(2-7)所示回归方程进行假设检验:

$$\ln inv_{it} = \beta_0 + \beta_1 mod_{it-1} + \beta_2 fin_{it} + \beta_3 tra_{it} + \beta_4 per_{it} + u_i + v_t + \varepsilon_{it} \quad (2-5)$$

$$\ln uti_{it} = \beta_0 + \beta_1 mod_{it-1} + \beta_2 fin_{it} + \beta_3 tra_{it} + \beta_4 per_{it} + u_i + v_t + \varepsilon_{it} \quad (2-6)$$

$$\ln des_{it} = \beta_0 + \beta_1 mod_{it-1} + \beta_2 fin_{it} + \beta_3 tra_{it} + \beta_4 per_{it} + u_i + v_t + \varepsilon_{it} \quad (2-7)$$

二、变量选择与数据来源

在回归方程中,由于专利申请授权量数值较大,故取三种专利申请授权量的对数作为被解释变量,同样,以滞后一期的地区模块化水平作为解释变量。这里模块化水平计算方法与行业模块化水平相同,模块化水平＝1-地区工业增加值/地区工业销售产值,控制变量为财政科技支出(fin)、技术市场成交额(tra)、研发人员数(per)。财政科技支出采用地区财政科技支出占地区财政支出的比例来表示,该项占比越高,表明地区研发投入强度越大,则会提高技术创新成果产出。技术市场成交额采用地区技术市场成交额占地区国内生产总值(Gross Domestic Product,GDP)比例来表示,该项占比越高,表明地区技术获取依赖外部交易的程度越高,目的在于引进技术支持地区经济发展,同时也表明了本地技术创新活动的欠缺。研发人员数采用地区研发人员数占地区人口的比例来表示,该项占比越高,表明地区研发活动的人力资本投入越多,有助于提高地区技术创新成果产出。

地区面板数据时间序列与行业面板数据保持一致,选取2010—2019年的数据,地区样本选取中国30个省级地区(西藏自治区除外),三种专利申请授权量的原始数据来自2012—2020年的《中国统计年鉴》,地区工业增加值和工业销售产值数据来自国家统计局网站,用地区工业增加值份额表示地区产业模块化分工水平,采用滞后一期数据,地区财政科技支出、地区财政支出、地区技术市场成交额、地区GDP以及地区人口的原始数据来自2011—2020年的《中国统计年鉴》,地区研发人员数来自2011—2020年的《中国科技统计年鉴》。

第五节　地区面板数据回归分析

运用Stata 14.0对数据进行分析,表2-5列出了各变量的描述性统计结果。

表 2-5　变量的描述性统计

变量	观测值个数	均值	标准差	最小值	最大值
inv	300	3395.4	5568.78	23	36015
uti	300	13665.51	21028.2	45	1244465
des	300	9643.977	22472.35	22	175758
mod	300	0.660351	0.08283	0.4124172	0.8185098
fin	300	0.0187031	0.0129562	0.0038864	0.0720185
tra	300	0.0096402	0.0219139	0.0001674	0.150074
per	300	0.0021149	0.0022555	0.0001446	0.01145

一、回归分析

运用方差膨胀因子检验得到方差膨胀因子的平均值为 4.47,说明模块化水平(mod)、财政科技支出(fin)、技术市场交易额(tra)、研发人员数(per)各解释变量间不存在多重共线性。通过对 30 个省(自治区、直辖市)的面板数据进行回归分析,分别对上述 3 个假设进行检验,回归结果见表 2-6。根据 Hausmann 检验结果,选择固定效应模型。由表 2-6 可知,模块化水平对发明专利、实用新型专利、外观设计专利的影响均显著为正,说明尽管三种专利中所包含的技术创新能力不同,但是地区模块化水平的提高可以增加各种类型专利的产出。因此,H3 得到验证,H4 和 H5 没有得到验证。这一检验结果说明模块化水平提高的价值影响更为广泛,不仅可以带来核心技术创新能力的提升与突破,同时也能够带动外围技术创新水平的提升,显著提高要素资源的创新效率。财政科技支出对发明专利申请授权量具有显著的负向作用,对实用新型专利和外观设计专利授权量的影响为负,但并不显著,与预期不符。财政科技支出并没有提高专利产出,说明财政科技支出结构不合理,财政科技支出绩效的评价体系有待完善。技术市场交易额对三种专利申请授权量具有显著的正向作用,与预期不符,可能是技术市场交易额的增加对企业的创新能力产生了激励作用,企业更倾向于通过自身研发活动进行技术创新,进而达到获取新产品、新市场以及降低成本的目的。研发人员数对三种专利申请授权量具有显著的正向作用,与预期相符。

表 2-6　地区面板数据回归结果

变量	ln*inv*		ln*uti*		ln*des*	
	FE	RE	FE	RE	FE	RE
mod(−1)	11.6109*** (21.20)	11.6548*** (20.66)	10.18*** (20.47)	10.3234*** (19.72)	8.5193*** (12.27)	8.6746*** (12.35)
fin	−9.8502* (−1.85)	−11.7880** (−2.17)	−1.7660 (−0.37)	−3.3332 (−0.66)	−1.3417 (−0.2)	0.6363 (0.09)
tra	20.4684*** (4.98)	13.5991*** (3.39)	24.72*** (6.62)	17.9689*** (4.75)	21.1150*** (4.05)	12.8508* (2.58)
per	463.9368*** (12.54)	432.0789*** (11.47)	464.9238*** (13.83)	433.4566*** (12.36)	241.1484*** (5.14)	223.0291*** (4.76)
常数项	−1.5486*** (−4.56)	−1.4077*** (−3.58)	0.6308** (2.05)	0.6986* (1.82)	1.4036*** (3.26)	1.3821*** (2.84)
R^2	0.8140	0.5067	0.8273	0.3576	0.2531	0.2922
F 或 χ^2	290.95 (0.000)	1061.56 (0.000)	318.51 (0.000)	1108.13 (0.000)	87.19 (0.000)	47.91 (0.000)
F(ui=0)	73.09 (0.000)		109.28 (0.000)		65.11 (0.000)	
Hausmann−χ^2	31.60 (0.000)		109.06 (0.000)		28.86 (0.000)	
N	300	300	300	300	300	300

注:*、**、*** 分别表示 10%、5%、1%显著性水平;变量的估计系数和常数项括号内为 t 统计量,F 检验和 Hausmann 检验括号内为 p 值;根据 Hausmann 检验结果,对三个被解释变量的回归均选择固定效应模型。

二、稳健性检验

通过工具变量法检验模型的稳健性,以模块化水平的滞后两期(mod_{it-2})作为工具变量,采用工具变量法对回归模型进行稳健性检验,检验结果见表2-7,模块化水平对三种专利申请授权量的影响均未发生变化,且显著性相同,说明该模型比较稳健。

表2-7 地区面板数据回归的稳健性检验结果

变量	ln*inv*		ln*uti*		ln*des*	
	FE	IVFE	FE	IVFE	FE	IVFE
mod(−1)	11.6109*** (21.20)	14.0136*** (19.13)	10.1823*** (20.47)	11.4702*** (18.13)	8.5193*** (12.27)	10.3858*** (11.50)
fin	−9.8502* (−1.85)	−20.4435** (−2.59)	−1.7660 (−0.37)	−4.0798 (−0.60)	−1.3417 (−0.2)	−6.0692 (−0.62)
tra	20.4684*** (4.98)	19.1551*** (4.15)	24.7201*** (6.62)	23.4130*** (5.87)	21.1150*** (4.05)	17.3972*** (3.05)
per	463.9368*** (12.54)	406.2507*** (9.38)	464.9238*** (13.83)	428.0411*** (11.45)	241.1484*** (5.14)	173.9743*** (3.26)
常数项	−1.5486*** (−4.56)	−2.8026*** (−6.03)	0.6308** (2.05)	−0.0751 (−0.19)	1.4036*** (3.26)	0.4513 (0.79)
R^2	0.8140	0.7700	0.8273	0.7978	0.2531	0.4836
F 或 Wald-χ^2	290.95 (0.000)	105370.37 (0.000)	318.51 (0.000)	202213.88 (0.000)	87.19 (0.000)	80488.10 (0.000)
F(ui=0)	73.09 (0.000)	63.46 (0.000)	109.28 (0.000)	100.47 (0.000)	65.11 (0.000)	58.69 (0.000)
Hausmann-χ^2	27.21 (0.000)		13.50 (0.009)		17.88 (0.001)	
N	300	270	300	270	300	270

注:*、**、*** 分别表示10%、5%、1%显著性水平;变量的估计系数和常数项括号内为 t 统计量,F 检验和 Hausmann 检验括号内为 p 值;根据 Hausmann 检验结果,三个被解释变量均适合选择工具变量法回归。

通过对27个行业面板数据和30个省(自治区、直辖市)面板数据的回归分析,对中国参与模块化分工的技术溢出效应进行经验研究,可以得出以下结论。

第一,中国积极参与模块化分工网络,其技术溢出促进了制造业技术创新能力的提升,研发产出不断增加。从全球价值链的视角来看,随着国际市场竞争压力的剧增,价值链驱动者发挥其导向作用,希望寻求更具有效率的合作伙伴,因此引领建立每一个环节的标准技术要求,并不断提升其领域开放度。如飞机、汽车、高端装备等制造业大型跨国公司,主导驱动价值链,前端研发、设计、采购,终端制造加工、组装,后端进行品牌营销、物流、金融等服务。模块化分工程度的加深有利于代工企业在产品技术和工艺流程上吸收新知识,提高生产效率和产品质量。制造业价值链各环节开放度的提升无疑为中国制造业的发展提供了良好的契机,有利于中国制造业从简单加工、组装等低附加值环节向高附加值前端环节和后端环节攀升,学习先进知识和技术。因此,中国参与模块化国际分工获得的技术溢出对于制造业技术创新能力的提升具有促进作用。

第二,模块化水平提高,企业对研发活动的人员和经费投入却出现减少的情况,主要是因为参与模块化国际分工在一定程度上抑制了国内制造业行业对研发活动的投入,形成了资源配置的"挤出效应"。在模块化价值网络中,中国制造业主要参与中低附加值环节,过多依赖价值链驱动者的知识和技术,对应投入的大量人员和经费主要集中从事中低附加值环节的生产活动,在创新领域研发资源投入不足,导致创新效率不高。此外,企业大量资金用于技术引进、设备购买、品牌许可等,导致研发活动经费内部支出较少。因此,企业研发活动的人员和经费投入应该突破模块化分工价值网络的锁定,逐步提高研发经费内部支出占销售收入的比例,稳步提升自主创新能力。

第三,通过对三种类型专利的深入分析,发现模块化水平的提升对各类专利产出均具有促进作用。然而,我国专利产出结构严重失衡,发明专利占专利总量的比例偏低,核心创新能力仍然有待提高。尽管在竞争激烈的市场环境之下,价值链各个环节的开放度不断提高,模块化分工网络中相对有了更多的技术溢出机会,但是核心技术的外溢还是较少,发达国家会继续采取非常手段对发展中国家保持和强化技术封锁。因此,增强企业的知识吸收转化能力,调整要素资源的投入结构,提高自主技术创新能力,才能推动中国制造业转向全球价值链高附加值环节,实现产业升级。

总而言之,中国制造业既要积极融入模块化分工价值网络,又要了解模块化分工价值网络的演进规律,要密切关注价值网络中的变化趋势,尤其是企业优势和角色的动态,确立和保持不断学习进取的心态,努力提高知识吸收能力,强化技术溢出的正向效应,提升产业自主创新能力。具体来讲,可以从微观层面、中观层面、宏观层面分别提出政策建议。

第一,从微观层面来看,中国制造业企业需紧跟时代步伐,不断提高企业技术创新能力。新兴技术的不断出现,对传统技术的替代或融合应用,要求企业积极应对外部技术和市场变化,增强企业对市场需求的敏感度,适时调整应对策略,提高创新效率。加大企业研发力度,尽可能减少对进口技术、设备、配件的依赖,提高企业吸收能力与自主创新能力,逐渐培养和形成企业技术优势和核心能力,努力嵌入全球价值链高附加值环节,摆脱发达国家对中国制造业在模块化分工价值网络中的低端锁定,实现在全球价值链上的进一步攀升。

第二,从中观层面来看,有针对性地对特定制造业行业或区域实行政策引导。制造业集中度具有行业异质性,在模块化价值网络中所处地位也不尽相同,地区要素禀赋具有空间异质性,需要客观地认识各个行业和地区在价值网络中的位置与作用,以及向价值链高端环节攀升的难度。优先引导具有集聚优势、效率高、成长价值和空间大的行业进行产业升级,调整要素资源的投入结构,给予招商引资、税收优惠、人才储备等政策扶持,提升产业技术创新能力,推进价值链攀升,逐步带动关联产业的升级。

第三,从宏观层面上来看,中国制造业的做大做强离不开良好的制度环境。在技术创新方面,国家应继续鼓励制造业企业的自主研发活动以及"政产学研军"一体化协同创新,完善知识产权保护机制。在市场竞争方面,对于一些垄断性行业,引入市场竞争机制,优化资源配置方式,实现资源的高效利用,力求实现资源利用的经济效益与社会效益的协调,为中国制造营造一个良好的市场环境。在教育方面,加大投入力度,深化教育改革,为创新人才的培养与成长提供良好的教育环境,打造创新人才储备军。良好的制度环境可以促进中国制造业的可持续发展,突破"低端锁定",实现传统制造业的转型升级。

第三章　模块化分工的效率提升效应

经济活动越来越复杂的今天,国际分工与合作俨然已成为主流。早在 20 世纪 70 年代,中国就已经参与到了国际分工中,并在 20 世纪 80 年代提出了"市场换技术"的战略。如今,中国已成为不可或缺的国际分工参与者。国际分工与合作已经发展成为垂直专业化分工与产品国际国内分工的形式(曹虹剑,2015),新型国际分工的产品大多是复杂产品,即将一个产品分解为多个不同的组件,不同的组件生产任务被交付给不同的生产商,最后由系统集成商将所有组件进行组装,形成最终产品,这就形成了模块化分工协作网络。

模块化是对复杂产品的分解与集成,模块化如今已经成为优化产品结构、推动产品和组织创新、促进产业升级的重要工具。模块化的形成需要以技术模块化为推动力,辅以产品标准以及组织模块化的匹配。在产业组织中,随着垂直专业化程度的纵向加深,以及产业组织间的相互融合,技术模块化与产品模块化逐渐促进了模块化产业组织的形成(张祥建、钟军委,2015;曹虹剑等,2016)。因此,模块化产业组织的基本特征是垂直专业化分工与产品内分工(白嘉,2013)。

产业组织效率的提升是产业升级最重要的内涵之一,是产业内的升级(刘磊,2014),与产业间升级共同构成了产业升级。分工是效率提升的重要源泉,那么产业组织的模块化是否能够提升其效率呢? 不同的学者基于不同的视角进行了解答,一部分学者认为会提升(张会清和唐海燕,2011;曹虹剑等,2016),另一部分学者认为随着分工程度的加深,效率会先升后降(史本叶和李泽润,2014),更多学者通过实证检验,认为我国现有阶段所参与的国际产品内分工,反而降低了我国的产业效率(刘磊,2014;陈超凡和王赟,2015)。在模块化越来越成为组织基本特征的今天,若要推动产业升级,有必要对模块化产业组织的效率提升问题进行探讨。

利用全要素生产率作为衡量产业组织效率的重要工具,根据曼奎斯特指数,全要素生产率可以分解为技术效率和技术进步,而技术效率又可以进一步分解为纯技术效率和规模效率。通过对 27 个编码为两位数的工业行业2010—2019 年的面板数据进行数据包络分析测算,得到各行业的全要素生产率,并采用广义矩估计动态面板数据构建模型,进一步探索模块化与各效率变量之间的关系,以期对模块化分工的效率提升效应进行经验检验,并提出相应的产业升级政策建议。

第一节　文献回顾与假设提出

模块化的概念最早用于机械类产品制造,直至鲍德温和克拉克(1997)将模块化引入管理学,成为 21 世纪以来一个重要的管理学概念(白嘉,2013)。模块是一种半自律的子系统,复杂产品是由很多子系统构成的复杂系统,不同的子系统按照一定的界面标准可以形成更复杂的系统。通过模块化,可以将复杂产品或系统简单化,使产品模块内部可以在符合界面标准的前提下自行演化(曹虹剑等,2015、2016),相比于整个产品的创新,模块内部的自行演化降低了创新成本,增加了创新实现的可能性,同一产品多个模块的演化,促进了整个产品的创新。当产品创新实现后,组织架构可能会根据产品的生产、销售等需求进行相应的调整,促进了企业组织的模块化,产业内的企业之间进行分工,则形成了模块化产业组织。模块化的研究经历了产品模块化、企业组织模块化、产业组织模块化的发展路径,这也恰好遵循了模块化产业组织的形成与发展路径(曹虹剑等,2016)。

模块化虽是一个新兴概念,现有关于模块化的研究却较为丰富,这得益于模块化的重要意义。早期的研究多聚焦于模块化的本质、机制、原理、特征、价值及意义(Miozzo,2005;Gereffi,2005;Lin,2011;武建龙等,2014),多采用定性研究方法,到后期学者开始关注模块化的定量研究,分别运用大样本数据对理论假设进行经验研究(陶颜等,2016;汪谷腾和龙勇,2016;曹虹剑等,2015、2016)。

现有关于模块化产业组织的研究与产业创新和产业升级有密切的联系(闵宏,2017)。效率提升作为产业升级的重要内容之一(刘磊,2014),也成为模块化最重要的研究内容之一,许多学者从不同的角度进行了探究:一种是从产品国际国内分工的角度,对行业的面板数据进行回归;另一种是从垂直专业化视角对相关指数进行测算;还有一种是从模块化的角度,用增值比率进行测算。

从产品国际国内分工的视角来看,张会清和唐海燕(2011)通过对我国制造业面板数据的回归,得出了产品内国际分工提升了生产效率的结论。发展中国家在参与产品国际分工时可以促进自身生产率的提升。埃格和克瑞基迈尔(Egger 和 Kreickemeier,2008)以奥地利制造业为研究对象,发现了外包会提升本国企业的生产效率。戈尔格和汉利(Gorg 和 Hanley,2004)通过对爱尔兰电子行业的研究,表明中间投入品的外包显著促进了企业的生产效率。

从垂直专业化的角度来看,梅梅多维克(Memedovic,2004)指出,亚洲"四小龙"在与其他经济体如美国、日本、中国等进行贸易合作的过程中,通过垂直专业化分工带来的机会,实现了各自的产业升级,开辟了一条独特的升级之路。阿米吉尼(Amighini,2005)以中国信息通信技术产业为研究对象,指出中国在垂直专业化分工中受益,提高了生产效率,促进了产业升级。杰伯(Jabbour,2005)指出,技术扩散可通过垂直专业化这一路径来实现,进而推动接受分工国技术效率的提升,促进了产业升级。史本叶和李泽润(2014)通过建立垂直专业化与产业升级的脉冲反应,指出垂直专业化分工会促进我国制造业的产业升级,但随着分工程度的加深,这种促进作用会减弱;与之相反的是,刘磊(2014)采用胡默尔斯(Hummels)提出的垂直专业化份额,测算了中国制造业的垂直专业化份额以及净附加值比重,指出垂直专业化程度的加深促进了产业间升级,但并未促进产业内升级,而产业内升级的内涵正是产业内组织生产效率的提升。

从模块化的角度来看,曹虹剑等(2016)首次对模块化组织的效率进行分析,利用增加值份额(工业增加值份额)对模块化程度进行衡量,用全要素生产率来测算生产效率,采用高技术产业数据,通过对动态面板数据的回归,验证了模块化分工能够提升全要素生产率。

三种不同的测算方法均与模块化密切相关,但是模块化产业组织与垂直专业化分工有本质上的区别,这主要体现在研究对象上,前者侧重于国内价值链在国际国内的分工,而后者侧重于国际价值链的分割(曹虹剑,2016)。对模块化的测算除了以上三种方法外,还有学者采用问卷量表测算,这种测算方法多用于以企业为样本的实证研究中,此外,问卷量表测量的方法主观性较强,不够准确。此处借鉴工业增加值法以及增值比率法来对模块化进行测算,沿用第二章的测算方法。

综上所述,国内外研究模块化与产业升级的文献较多,但直接研究模块化对生产率影响的文献较少。全要素生产率是衡量生产率最重要的方法之一,可分解为要素驱动的技术效率与技术推动的技术进步的乘积,技术效率可进一步分解为纯技术效率和规模效率。全要素生产率反映了经济活动中不能以有形与否来衡量要素对生产率的影响,例如科技进步、规模经济等(曹虹剑等,2016),有利于更全面地考虑经济发展的动因。模块化产业组织的形成一方面得益于垂直专业化分工程度的加深,另一方面也是相关产业进行集聚和融合的结果(Sturgeon,2002),产业的集聚与融合扩大了生产规模,当生产规模扩大后,传统产业组织的成本会提升,但是模块化产业组织的标准即模块组织的自演化特性,会降低组织的成本,从而提高了生产效率,实现了一定的规模收益(陈超凡和王赟,2015)。因此模块化会提升规模效率。

产品模块化会显著正向影响技术创新(谢卫红等,2014)。模块化使企业对现有技术不断进行优化,从而促进技术的渐进式创新,更进一步地促进其突破式创新(Baldwin 和 Clark,2000),技术创新是技术进步的源泉,没有技术创新就不会有技术进步,因此,模块化是推动技术进步的重要因素。张祥建和钟军委(2015)通过对模块化与技术进步进行耦合和博弈分析,指出模块化能够有效地促进技术进步。因此模块化可推动技术进步与技术效率。

综上所述,提出以下四个假设:

H1:模块化分工水平对行业全要素生产率具有正向效应。

H2:模块化分工水平对行业技术效率具有正向效应。

H3:模块化分工水平对行业技术进步具有正向效应。

H4:模块化分工水平对行业规模效率具有正向效应。

第二节 计量方程设定、变量选择与数据来源

根据以上理论假设建立计量模型,由于全要素生产率、技术效率、规模效率、技术进步行为部分取决于其过去的行为,因此建立含有被解释变量滞后一期的动态面板数据回归模型,如式(3-1)、式(3-2)、式(3-3)、式(3-4)所示。

$$tfp_{it} = \beta_0 + \beta_1 mod_{it-1} + \beta_2 tfp_{it-1} + \beta_3 \ln com_{it} + \beta_4 pow_{it} + \beta_5 gov_{it} + \beta_6 fin_{it} + \beta_7 ope_{it} + u_i + v_t + \varepsilon_{it} \quad (3-1)$$

$$te_{it} = \beta_0 + \beta_1 mod_{it-1} + \beta_2 te_{it-1} + \beta_3 \ln com_{it} + \beta_4 pow_{it} + \beta_5 gov_{it} + \beta_6 fin_{it} + \beta_7 ope_{it} + u_i + v_t + \varepsilon_{it} \quad (3-2)$$

$$tp_{it} = \beta_0 + \beta_1 mod_{it-1} + \beta_2 tp_{it-1} + \beta_3 \ln com_{it} + \beta_4 pow_{it} + \beta_5 gov_{it} + \beta_6 fin_{it} + \beta_7 ope_{it} + u_i + v_t + \varepsilon_{it} \quad (3-3)$$

$$se_{it} = \beta_0 + \beta_1 mod_{it-1} + \beta_2 se_{it-1} + \beta_3 \ln com_{it} + \beta_4 pow_{it} + \beta_5 gov_{it} + \beta_6 fin_{it} +$$
$$\beta_7 ope_{it} + u_i + v_t + \varepsilon_{it} \tag{3-4}$$

其中,四个被解释变量分别为,tfp 表示全要素生产率,te 表示技术效率,tp 表示技术进步,se 表示规模效率。解释变量为 mod,表示模块化分工水平,mod_{it-1} 表示模块化的滞后一期,由于模块化对生产率的作用有时间上的延迟,故采用其滞后一期。另一解释变量为被解释变量的滞后一期。控制变量包括:

$\ln com$ 表示对企业数量取对数,代表市场竞争。市场竞争越激烈,组织通过创新占领市场取得胜利的动机会越强烈,由此可促进对生产率的正向影响,因此预期市场竞争的符号为正。

pow 为市场势力,衡量企业对其所在行业市场的掌控能力,用销售收益率(利润总额/产品销售收入)来表示。销售收益率越高,表明企业对市场的控制能力越强,则其保持现有市场势力的决心与投入越大,形成路径依赖,从而阻碍创新,对生产率产生负向影响,因而预期市场势力的符号为负。

gov 为政府支持,衡量企业从政府获得的资金支持,用科技活动经费筹集额中政府资金比例来表示。当组织获得资金支持时,有机会优化其内部管理活动或资源配置,进而提高生产效率,因此政府支持对生产效率会产生正向影响,预期符号为正。

fin 为金融支持,衡量企业从金融机构获得的资金支持,用科技活动经费筹集额中金融机构贷款比例来表示。与政府支持相类似,金融支持对生产率的影响也为正向,预期符号为正。

ope 为对外开放度,衡量产业对外开放程度,用出口率(出口交货值/工业销售产值)来表示。产业对外开放的程度越高,则其吸收外部资源用于自身发展的机会越多,可以提高生产率,技术的效应很好地体现了这一点;但当企业过多地吸收外部资源,或者无法很好地将内外部资源相融合时,反而会阻碍企业对资源的有效配置,导致生产率降低,因此其符号难以预期。

另外,u_i 表示行业异质性的截距项,v_t 表示随时间变化的扰动项,ε_{it} 为随机扰动项。

被解释变量为通过数据包络分析测算得到的全要素生产率指数及其分解,解释变量模块化分工水平沿用第二章的工业分行业数据,控制变量中除了政府支持、金融支持数据来自 2011—2020 年的《中国科技统计年鉴》,其余数据来自 2011—2020 年的《中国工业统计年鉴》。

第三节　制造业行业生产率的测度与分析

一、变量选择与数据来源

选取规模以上工业企业,剔除部分非典型制造企业,将橡胶制品业与塑料制品业合并为橡胶和塑料制品业,将汽车制造业与铁路、船舶、航空航天和其他运输设备制造业合并为交通运输设备制造业,最终选取了 27 个行业。投入变量为固定资产原价、从业人数、研发经费内部支出占产品销售收入的比例,分别代表工业行业投入的固定资产、劳动、资本。产出变量为工业销售产值、利润总额。研发经费内部支出比例的数据来自 2010—2020 年的《中国科技统计年鉴》,其余数据均来自 2010—2020 年的《中国工业统计年鉴》。为了消除价格变动的影响,分别对固定资产原价、工业销售产值、利润总额利用固定资产投资价格指数进行平减。由于 2012 年的从业人员数据缺失,利用 2010 年与 2011 年的平均增长率推算出 2012 年的从业人数。另外,利润总额中存在负值,但数据包络分析只能测算正值,无法处理负值,故对其进行指数化,转换公式如式(3-5)所示。

$$Z' = 0.4 \times \frac{Z_0}{\max Z + \min Z} + 0.6 \tag{3-5}$$

其中，Z_0 表示原值，$maxZ$ 表示利润总额的最大值，$minZ$ 表示利润总额的最小值。

二、测度结果分析

收集 2009—2019 年的上述数据，运用数据包络分析 DEAP 2.1 软件进行曼奎斯特—数据包络分析测算，得到 2010—2019 年的工业行业全要素生产率指数及其分解。

表 3-1 显示了将全行业作为一个整体所得到的全要素生产率指数及其分解，其中，*effch* 表示技术效率，*techch* 表示技术进步，*pech* 表示纯技术效率，*sech* 表示规模效率，*tfpch* 表示全要素生产率。如图 3-1 所示，从整体来看，2010—2019 年的全行业全要素生产率指数在 1 上下浮动，浮动范围大多不超过 0.1，这表明全行业整体未发生明显的生产率变化。但是 2018—2019 年全行业全要素生产率有了显著的提升，并且显著大于 1，从图 3-1 中可以看出，这一上升主要是由技术进步驱动的。

表 3-1　2010—2019 年制造业全行业全要素生产率指数及其分解

年份	*effch*	*techch*	*pech*	*sech*	*tfpch*
2010/2009	1.038	1.027	0.998	1.040	1.066
2011/2010	1.005	1.055	0.998	1.008	1.061
2012/2011	0.972	0.996	0.997	0.974	0.968
2013/2012	1.047	1.026	0.998	1.049	1.074
2014/2013	1.011	1.030	0.998	1.013	1.042
2015/2014	1.008	1.087	1.006	1.002	1.096
2016/2015	0.955	0.988	0.996	0.958	0.943
2017/2016	1.027	0.938	0.994	1.032	0.963
2018/2017	1.001	0.961	0.992	1.009	0.962
2019/2018	0.936	1.431	1.002	0.935	1.340
均值	0.999	1.047	0.998	1.001	1.046

（单位：%）

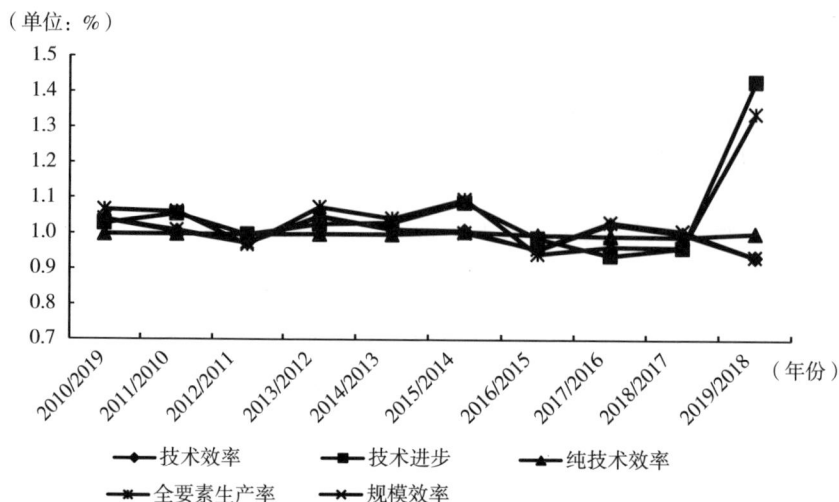

图 3-1　2010—2019 年制造业全行业全要素生产率及其分解的变化

从各个行业的情况来看,数据包络分析测算结果显示了在不区分年份的情况下各行业的效率状况。从表3-2可以看出,在27个行业中,仅有3个行业的全要素生产率指数小于1,分别为家具制造业、印刷和记录媒介复制业,以及文教、工美、体育和娱乐用品制造业,其余行业的全要素生产率指数均大于1,这表明大多数行业的生产率得到了提升。将全要素生产率进行分解可知,全要素生产率的下降主要是由于技术进步下降导致的,在全要素生产率上升的行业中,所有行业的技术进步指数均大于1,且大多数大于技术效率指数,这表明全要素生产率的上升主要来自技术进步的贡献。

表 3-2　制造业分行业全要素生产率指数及其分解

编号	行业	*effch*	*techch*	*pech*	*sech*	*tfpch*
1	农副食品加工业	1.000	1.058	1.000	1.000	1.058
2	食品制造业	0.993	1.068	0.999	0.993	1.060
3	酒、饮料和精制茶制造业	0.996	1.080	1.000	0.996	1.076
4	烟草制品业	1.000	1.094	1.000	1.000	1.094
5	纺织业	1.017	1.061	0.997	1.020	1.079

续表

编号	行业	*effch*	*techch*	*pech*	*sech*	*tfpch*
6	纺织服装、服饰业	1.006	1.077	0.997	1.009	1.083
7	皮革、毛皮、羽毛及其制品和制鞋业	1.000	1.050	1.000	1.000	1.050
8	木材加工和木、竹、藤、棕、草制品业	1.005	1.026	0.996	1.009	1.031
9	家具制造业	0.986	0.999	0.995	0.991	0.985
10	造纸和纸制品业	0.980	1.085	0.994	0.986	1.063
11	印刷和记录媒介复制业	1.003	0.986	0.997	1.007	0.989
12	文教、工美、体育和娱乐用品制造业	1.004	0.983	1.000	1.004	0.987
13	石油、煤炭及其他燃料加工业	1.000	1.057	1.000	1.000	1.057
14	化学原料和化学制品制造业	1.017	1.037	1.000	1.017	1.055
15	医药制造业	0.997	1.076	1.002	0.995	1.072
16	化学纤维制造业	0.989	1.024	0.996	0.993	1.013
17	橡胶和塑料制品业	1.012	1.052	0.996	1.017	1.065
18	非金属矿物制品业	1.054	1.013	1.003	1.051	1.067
19	黑色金属冶炼和压延加工业	0.987	1.035	0.990	0.997	1.022
20	有色金属冶炼和压延加工业	1.007	1.056	1.001	1.006	1.063
21	金属制品业	0.988	1.049	0.996	0.992	1.036
22	通用设备制造业	0.995	1.057	0.996	0.999	1.051
23	专用设备制造业	0.991	1.063	0.994	0.997	1.054
24	交通运输设备制造业	0.987	1.052	1.002	0.985	1.038
25	电器机械和器材制造业	0.994	1.054	1.000	0.994	1.048
26	计算机、通信和其他电子设备制造业	0.998	1.054	1.000	0.998	1.052
27	仪器仪表制造业	0.980	1.033	0.996	0.984	1.013
	均值	0.999	1.047	0.998	1.001	1.046

　　从各个行业每一年的变化来看,大致可以分为两种情况。第一种情况是行业全要素生产率完全是由技术进步引起的,在这种情况下,行业技术效率、规模效率和纯技术效率均为1,这类行业的技术进步呈波浪形变动态势,并且

大多在 2018—2019 年技术进步有大幅提升,进而导致全要素生产率的大幅提升。这类行业有:农副食品加工业;食品制造业;酒、饮料和精制茶制造业;烟草制品业;纺织业;纺织服装、服饰业;皮革、毛皮、羽毛及其制品和制鞋业;木材加工和木、竹、藤、棕、草制品业;家具制造业;造纸和纸制品业;印刷和记录媒介复制业;文教、工美、体育和娱乐用品制造业;石油、煤炭及其他燃料加工业。图 3-2 与图 3-3 分别展示了农副食品加工业与文教、工美、体育和娱乐用品制造业全要素生产率及其分解的变化,即为这一情况的典型行业。

（单位：%）

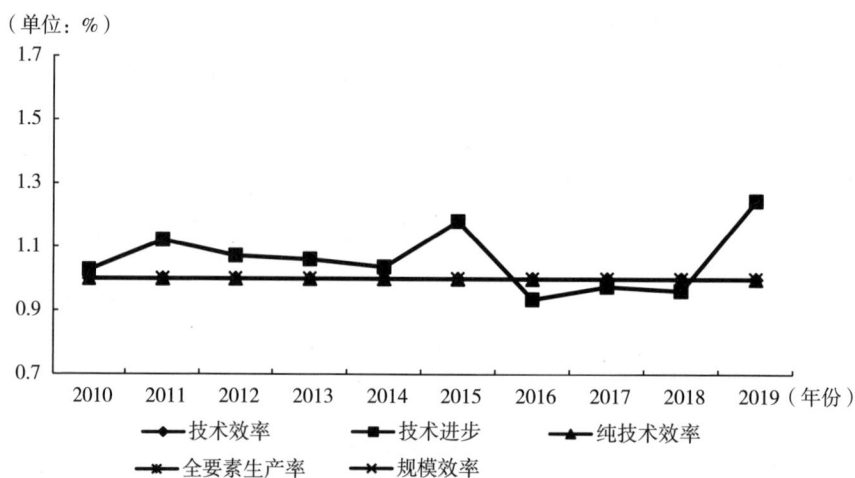

图 3-2　2010—2019 年农副食品加工业全要素生产率及其分解的变化

（单位：%）

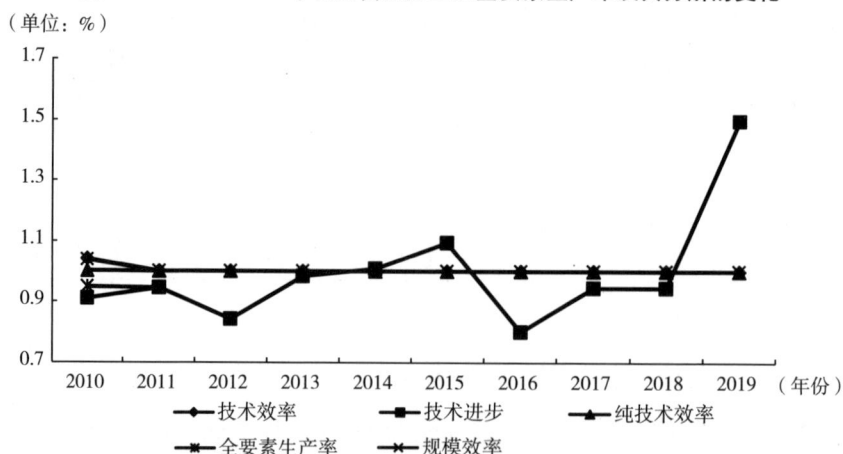

图 3-3　2010—2019 年文教、工美、体育和娱乐用品制造业全要素生产率及其分解的变化

第二种情况是行业技术效率、纯技术效率和规模效率均不为1,即全要素生产率不完全是由技术进步变化引起的,在这种情况下,大多数行业的全要素生产率波动幅度较小,并且呈波浪形变动态势。以饮料制造业为例,如图3-4所示,2010—2018年,该行业全要素生产率在1左右波动,2013年达到顶峰,这一上升主要是由技术效率的提升而导致的,而技术效率的变化是由规模效率的变化引起的。2013年之后,全要素生产率出现下降,均是由规模效率下降所导致的技术效率下降而引起的,直到2019年,规模效率引致技术效率显著下降,而技术进步显著提升,全要素生产率也有了大幅上升,表明行业生产率的提高得益于技术进步。

（单位：%）

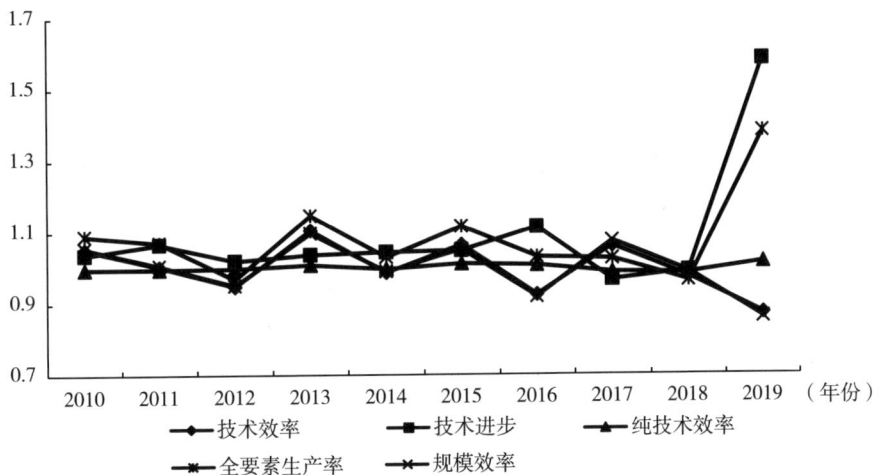

图3-4　2010—2019年酒、饮料和精制茶制造业全要素生产率及其分解的变化

第四节　模块化分工对制造业生产率的回归分析

收集27个制造业2010—2019年的数据,检验步骤如下:首先,对被解释变量分别进行单位根检验;其次,对理论假设进行检验,分别采用差分广义矩估计和系统广义矩估计对行业面板数据进行检验,每种回归方法均采用两种

模型,第一种模型是在不加入控制变量的情况下检验解释变量的影响,第二种模型是在加入控制变量的情况下检验解释变量的影响;再次,进行自相关检验和过度识别检验;最后,进行回归模型的稳健性检验。

一、变量的描述性统计

在对模型进行回归前,首先对数据进行描述性统计。表3-3为各变量的描述性统计值,包括平均值、标准差、最小值和最大值。结果显示,除企业数量外,其余变量的标准差均小于0.2,离散程度较小。$lncom$ 的标准差大于1,可能是由于行业异质性引起的,因此企业数量产生较大差异。

表3-3 变量的描述性统计

变量	平均值	标准差	最小值	最大值
tfpch	1.056	0.150	0.801	1.783
effch	1.001	0.063	0.702	1.326
techch	1.058	0.164	0.801	1.683
sech	1.003	0.063	0.702	1.307
mod	0.714	0.103	0.182	0.908
lncom	9.065	1.108	4.852	10.589
pow	0.068	0.047	−0.044	0.522
gov	0.030	0.021	0.001	0.105
fin	0.032	0.038	0.001	0.214
ope	0.153	0.159	0.004	1.000

二、面板数据回归结果

1. 单位根检验

首先分别对各个被解释变量进行单位根检验。常见的单位根检验有 LLC 检验、HT 检验、Breitung 检验、IPS 检验、Fisher 检验等(陈强,2014),由于时期数与个体数是固定的,因此选择采用 IPS 检验,检验结果如表 3-4 所示。结果显示全要素生产率和技术进步不存在单位根,均为平稳序列,技术效率和规模效率未检验出时间趋势,一个可能的原因是选取了 10 年的数据,时间跨度较短,未能体现出时间趋势,另一个可能的原因是技术效率和规模效率的数值大多为 1。

表 3-4　单位根检验

变量	统计量	P 值
tfpch	−4.723	0.000
effch	—	
techch	−6.809	0.000
sech	—	

2. 回归结果分析

（1）全要素生产率

表 3-5 为全要素生产率的回归结果,Wald 检验结果表明所有模型的拟合优度良好,自相关检验结果表明不存在二阶序列相关,Sargan 检验结果表明工具变量是有效的。系统广义矩估计的标准误小于差分广义矩估计,表明系统广义矩估计方法更为可靠。在差分广义矩估计模型中,加入控制变量前,模块化分工水平的影响系数为 1.223,并且在 1% 水平下显著;加入控制变量后,模块化分工水平的影响系数为 1.263,并且在 5% 水平下显著。在系统广义矩估计模型中,加入控制变量前,模块化分工水平的影响系数为 −0.001,但不显著;加入控制变量后,模块化分工水平的影响系数为 0.649,并且在 10% 水平下显著。表明模块化分工对全要素生产率具有正向效应,H1 得到验证。

表 3-5　全要素生产率的回归结果

变量	DIF-GMM		SYS-GMM	
	（1）	（2）	（3）	（4）
$tfpch(-1)$	−0.230 ** (−1.999)	−0.237 ** (−1.999)	−0.214 ** (−2.399)	−0.202 ** (−2.174)
$mod(-1)$	1.223 *** (2.607)	1.263 ** (2.552)	−0.001 (−0.004)	0.649 * (1.858)
$lncom$	—	−0.098 (−1.271)	—	−0.094 ** (−2.230)
pow	—	0.851 ** (2.120)	—	1.012 *** (2.734)
gov	—	0.972 (0.676)	—	0.623 (0.489)
fin	—	0.208 (0.596)	—	0.128 (0.397)
ope	—	−0.118 (−0.700)	—	−0.054 (−0.321)
Constant	0.419 (1.076)	1.211 (1.595)	1.274 *** (5.192)	1.565 *** (4.360)
Wald	16.18 ***	22.08 ***	6.68 **	21.28 ***
AR(1)	−2.462 **	−2.570 ***	−2.652 ***	−2.705 ***
AR(2)	−1.098	−0.994	−1.088	−0.588
Sargan	13.847	12.512	14.789	16.625
观测值个数	216	216	243	243
样本个数	27	27	27	27

注:变量回归系数下方括号内为 z 统计量;Wald、AR(1)、AR(2)、Sargan 检验值为 x^2 统计量;*** 、** 、* 分别表示 1%、5%、10%显著性水平。

在系统广义矩估计模型中,竞争程度的影响系数为−0.094,并且在 5%水平下显著,与预期不符,可能的原因是由于市场竞争过于激烈,为了应对竞争,企业不得不把一部分资源转而投向与生产无直接关联的活动,例如促销和推广,从而使原本用于生产的资源出现错配,导致生产率下降。市场势力的影响系数为 1.012,并且在 1%水平下显著,表明市场势力推动了生产率的提高,与预期不符,可能的原因是企业的市场势力越大,则越有能力且有机会对其核心产品进行技术研发,或对其提供的服务进行优化,从而使生产率提高。政府支持、金融支持的系数符号均为正,与预期相符,但结果不显著。对外开放度的系数符号为负,结果不显著。

(2)技术效率

技术效率反映了企业基于要素驱动所实现的生产率。这里的要素一方面是员工学习能力,员工学习能力越强,其业务熟练程度越高,从而技术效率越高,这种效率我们称为纯技术效率;另一方面是组织内部的其他资源如资金、技术等投入,组织投入越大,产出越多,在适当的投入比例下可以提高生产率,这一部分即为规模效率。

表3-6为技术效率的回归结果,Wald检验结果表明所有模型的拟合优度良好,自相关检验结果表明不存在二阶序列相关,Sargan检验结果表明工具变量是有效的。在差分广义矩估计模型中,加入控制变量前,模块化分工水平的影响系数为-0.519,并且在1%水平下显著;加入控制变量后,模块化分工水平的影响系数为-0.611,并且在1%水平下显著。在系统广义矩估计模型中,加入控制变量前,模块化分工水平的影响系数为-0.428,并且在5%水平下显著;加入控制变量后,模块化分工水平的影响系数为-0.679,并且在1%水平下显著。

表3-6 技术效率的回归结果

变量	DIF-GMM		SYS-GMM	
	(5)	(6)	(7)	(8)
$effch(-1)$	-0.164^{**} (-2.015)	-0.149^{*} (-1.743)	-0.114^{*} (-1.837)	-0.081 (-1.215)
$mod(-1)$	-0.519^{***} (-2.633)	-0.611^{***} (-2.917)	-0.428^{**} (-2.332)	-0.679^{***} (-3.337)
lncom	—	0.024 (0.722)	—	0.029 (1.477)

续表

变量	DIF-GMM		SYS-GMM	
	（5）	（6）	（7）	（8）
pow	—	−0.017 （−0.110）	—	−0.211 （−1.417）
gov	—	−0.018 （−0.029）	—	0.088 （0.159）
fin	—	−0.276* （−1.858）	—	−0.447*** （−3.138）
ope	—	0.087 （1.230）	—	0.040 （0.566）
Constant	1.532*** （9.567）	1.362*** （4.284）	1.417*** （9.957）	1.314*** （7.286）
Wald	11.36***	16.82**	9.23***	25.69***
AR（1）	−3.905***	−4.023***	−4.084***	−4.222***
AR（2）	−1.417	−0.863	−1.046	−0.447
Sargan	15.235	11.549	14.426	12.388
观测值个数	216	216	243	243
样本个数	27	27	27	27

注：变量回归系数下方括号内为 z 统计量；Wald、AR（1）、AR（2）、Sargan 检验值为 x^2 统计量；***、**、* 分别表示 1%、5%、10%显著性水平。

两种模型在不同的回归方法下均表明模块化分工对技术效率具有负向效应，H2 未得到验证，可能的原因有两点。一是产业组织的模块化程度越高，企业对技术的要求越高，需加大对技术研发的投入力度或吸收外部资源的力度，然而组织资源是有限的，对技术研发的投入势必会占用组织内部资源，从而对与技术效率相关的资源投入减少，使技术效率降低。二是产业模块化程度的提高伴随自动化、智能化水平的提高，导致企业一线员工数量减少，甚至造成技术工人数量的减少。从学习曲线角度来说，机器的学习能力目前还无法与人类相提并论，活劳动的减少导致组织总体学习能力下降，其反映的技术效率也随之下降。

竞争程度的系数符号为正，市场势力的系数符号为负，二者与预期相符，但结果均不显著。金融支持的系数符号显著为负,表明企业从金融机构获得的资金支持产生了资源使用的效率损失,降低了技术效率。政府支持在系统广义矩估计模型中的系数符号为正,与预期相符,但不显著。对外开放度的系数符号为正,结果不显著。

(3)技术进步

技术进步反映了企业核心技术水平的提高。一方面,随着时间的推动,组织外部技术水平的进步会由于组织的主动学习或被动溢出而被组织消化吸收并加以利用,从而提高生产率。另一方面,企业加大技术研发投入,取得一定的创新成果进而促进生产率的提高。

表3-7显示了技术进步的回归结果,Wald检验结果表明所有模型的拟合优度良好,自相关检验结果表明不存在二阶序列相关,Sargan检验结果表明工具变量是有效的。在差分广义矩估计模型中,加入控制变量前,模块化分工水平的影响系数为1.893,并且在1%水平下显著;加入控制变量后,模块化分工水平的影响系数为1.960,并且在1%水平下显著。在系统广义矩估计模型中,加入控制变量前,模块化分工水平的影响系数为0.244,但不显著;加入控制变量后,模块化分工水平的影响系数为0.989,并且在1%水平下显著。表明模块化分工对技术进步具有正向效应,H3得到验证。

表3-7　技术进步的回归结果

变量	DIF-GMM		SYS-GMM	
	(9)	(10)	(11)	(12)
$techch(-1)$	-0.231	-0.239	-0.267**	-0.153
	(-1.571)	(-1.600)	(-2.389)	(-1.292)
$mod(-1)$	1.893***	1.960***	0.244	0.989***
	(3.637)	(3.614)	(0.841)	(2.689)
$lncom$	—	-0.146*	—	-0.078**
		(-1.713)		(-2.357)

变量	DIF-GMM		SYS-GMM	
	(9)	(10)	(11)	(12)
pow	—	0.763*	—	1.893***
		(1.783)		(4.824)
gov	—	1.661	—	1.739
		(1.059)		(1.229)
fin	—	0.458	—	0.451
		(1.215)		(1.266)
ope	—	−0.298*	—	−0.224
		(−1.654)		(−1.265)
Constant	−0.0511	1.158	1.159***	1.055***
	(−0.113)	(1.371)	(4.232)	(3.303)
Wald	23.85***	31.77***	9.76***	39.80***
AR(1)	−2.547**	−3.014***	−1.942*	−1.923*
AR(2)	−1.238	−0.834	−1.104	−1.466
Sargan	12.721	15.247	15.283	18.149
观测值个数	216	216	243	243
样本个数	27	27	27	27

注:变量回归系数下方括号内为 z 统计量;Wald、AR(1)、AR(2)、Sargan 检验值为 x^2 统计量;***、**、* 分别表示 1%、5%、10%显著性水平。

竞争程度的系数符号显著为负,与预期不符,可能的原因是激烈的市场竞争需要企业全方位应战,无法集中精力开展核心技术的研发或引进,相关资源投入不足,导致技术能力下降。市场势力的系数符号显著为正,与预期不符,可能的原因是企业对市场的控制能力越强,越有能力进行技术研发,对现有产品、工艺、流程或设备进行改进,从而提高技术能力。政府支持、金融支持的系数符号均为正,与预期相符,但结果不显著。对外开放度的系数符号在差分广义矩估计模型中显著为负,表明对外开放度的提高拖缓了行业的技术进步。

（4）规模效率

表 3-8 显示了规模效率的回归结果，Wald 检验结果表明所有模型的拟合优度良好，自相关检验结果表明不存在二阶序列相关，Sargan 检验结果表明工具变量是有效的。在差分广义矩估计模型中，加入控制变量前，模块化分工水平的影响系数为-0.485，并且在 5%水平下显著；加入控制变量后，模块化分工水平的影响系数为-0.594，并且在 1%水平下显著。在系统广义矩估计模型中，加入控制变量前，模块化分工水平的影响系数为-0.356，并且在 10%水平下显著；加入控制变量后，模块化分工水平的影响系数为-0.721，并且在 1%水平下显著。

表 3-8 规模效率的回归结果

变量	DIF-GMM		SYS-GMM	
	（13）	（14）	（15）	（16）
$sech(-1)$	-0.181**	-0.174**	-0.121*	-0.094
	(-2.187)	(-2.002)	(-1.901)	(-1.367)
$mod(-1)$	-0.485**	-0.594***	-0.356*	-0.721***
	(-2.455)	(-2.832)	(-1.921)	(-3.510)
lncom		0.041		0.054***
		(1.238)		(2.784)
pow		0.012		-0.268*
		(0.074)		(-1.883)
gov		-0.092		-0.328
		(-0.147)		(-0.598)
fin		-0.251*		-0.471***
		(-1.694)		(-3.328)
ope		0.085		0.036
		(1.203)		(0.508)
Constant	1.527***	1.223***	1.375***	1.156***
	(9.572)	(3.867)	(9.685)	(6.557)
Wald	11.45***	17.29**	7.96**	30.61***
AR(1)	-4.094***	-4.178***	-4.145***	-4.388***

续表

变量	DIF-GMM		SYS-GMM	
	（13）	（14）	（15）	（16）
AR（2）	−1.373	−1.008	−1.120	−1.498
Sargan	18.117	19.948	16.432	15.301
观测值个数	216	216	243	243
样本个数	27	27	27	27

注：变量回归系数下方括号内为 z 统计量；Wald、AR（1）、AR（2）、Sargan 检验值为 x^2 统计量；*** 、** 、*
分别表示 1%、5%、10%显著性水平。

这种结果表明模块化分工对规模效率具有负向效应，H4 未得到验证。一个可能的原因是随着模块化程度的加深，单个组织可能会专注于某个模块的生产活动，单个模块的规模较原先整体的系统规模不同，模块化分工程度的提高要求单个组织规模也相应地缩小或扩大，达到协同发展的效应，若企业不能及时调整规模，则可能会造成规模供应与需求不匹配，从而降低规模效率。另一个可能的原因是模块化产业组织的规模过大，导致规模收益递减。

在系统广义矩估计模型中，竞争程度的系数符号显著为正，与预期不符，可能的原因是当市场竞争过于激烈时，扩大规模有利于提供更多的产品或服务，企业既可以抢占市场份额，也可以增加规模收益。市场势力的系数符号显著为负，与预期不符，可能是企业规模过大造成了规模收益递减，导致规模效率下降。政府支持的系数符号为负，对外开放度的系数符号为正，但均不显著。金融支持的系数符号显著为负，与预期不符，可能是企业的资金使用效率不高，产生了规模扩张的负面作用。

3. 稳健性检验

为了进一步验证上述回归结果的稳健性，有必要运用其他方法对产业模块化分工水平与全要素生产率及其分解之间的关系进行经验检验。

首先，进行分组估计。按照产业模块化分工水平测算结果将 27 个制造业分为两组,模块化分工水平小于 0.745 的行业为 A 组,共有 14 个行业,可称为低模块化行业,大于或等于 0.745 的行业为 B 组,共有 13 个行业,可称为高模块化行业。① 采用原有变量和数据分别对两组行业进行系统广义矩估计分析,结果表明,在两组行业的回归分析中,模块化分工水平对四个被解释变量的影响方向没有发生变化,只有估计系数绝对值的轻微变化,说明上述回归结果在分组估计的情况下依然显著。

其次,加入新的控制变量。在四个回归模型中均加入两个新的控制变量,一个是行业研发经费投入,采用行业研发活动经费内部支出占产品销售收入的比例来衡量;另一个是行业研发人员投入,采用行业研发人员数占从业人员数的比例来衡量,在其他变量和数据不变的情况下采用系统广义矩估计方法进行估计。结果表明,模块化分工水平对四个被解释变量的影响方向没有发生变化,说明上述回归结果在控制了研发经费投入和研发人员投入后依然显著。

由此可见,采用不同的估计方法或控制变量仍然能够得出基本一致的检验结论,这表明以上模型的回归结果是比较稳健的。

模块化分工网络已成为组织创新最重要的形式之一,以上内容研究了模块化分工水平对工业行业生产率的影响。主要内容分为两部分,首先采用曼奎斯特—数据包络分析方法对中国 27 个制造业行业的全要素生产率指数及其分解进行测算,随后提出产业模块化水平对全要素生产率、技术效率、技术

---

① A 组行业包括:(4)烟草制品业;(3)酒、饮料和精制茶制造业;(15)医药制造业;(27)仪器仪表制造业;(11)印刷和记录媒介复制业;(10)造纸和纸制品业;(6)纺织服装、服饰业;(2)食品制造业;(22)通用设备制造业;(7)皮革、毛皮、羽毛及其制品和制鞋业;(18)非金属矿物制品业;(8)木材加工和木、竹、藤、棕、草制品业;(5)纺织业;(23)专用设备制造业。B组行业包括:(19)黑色金属冶炼和压延加工业;(20)有色金属冶炼和压延加工业;(25)电气机械和器材制造业;(14)化学原料和化学制品制造业;(21)金属制品业;(9)家具制造业;(24)交通运输设备制造业;(1)农副食品加工业;(26)计算机、通信和其他电子设备制造业;(16)化学纤维制造业;(12)文教、工美、体育和娱乐用品制造业;(17)橡胶和塑料制品业;(13)石油、煤炭及其他燃料加工业。

进步、规模效率影响的 4 个假设,通过经验分析,2 个假设得到验证,2 个假设未得到验证,即模块化分工提升了全要素生产率和技术进步,并未提升技术效率和规模效率,具体结论如下。

第一,曼奎斯特—数据包络分析测算结果表明我国大多数行业的全要素生产率提升了,且这一提升是由技术进步的提高所引起的,部分行业全要素生产率下降了,也是由于技术进步的下降导致的,表明目前工业行业生产率的主要影响因素是技术进步,也就是产业核心技术能力。

第二,模块化分工能够提升全要素生产率,这表明模块化对产业组织的生产率产生了正向影响,这一研究结论与模块化分工能够对生产率产生正向效应的结论是一致的。模块化分工促进了技术进步,由于技术进步反映了企业核心技术水平,因而这一结论不仅支持了模块化对提高企业生产率的重要性,而且为中国企业提升核心技术能力提供了产业组织方面的依据,即提高模块化分工水平。

第三,模块化未能显著提升技术效率,可能的原因一方面是由于自动化程度的加深,企业内部的技术效率来源失去了员工学习能力的推动;另一方面是由于组织规模与模块化水平的不匹配导致的。模块化未能显著提升规模效率,既可能是由于组织规模过大,也可能是生产规模与模块化未能协同发展导致的。

根据研究结论,提出以下政策建议。

第一,继续提高产业模块化分工水平。中国正在实行产业转型升级,企业不得不加大转型升级的力度,模块化能够帮助企业提高生产效率与技术水平,从效率与结构两方面来促进产业升级,因此模块化产业组织需进一步提高模块化水平,利用模块化带来的分工优势积极参与新型国际分工,充分把握与其他经济体合作过程中所带来的机遇,进一步推动技术进步与生产率的提高。

第二,适时调整企业规模。在提高模块化程度的过程中,模块化产业组织还应考虑到模块化与企业规模的协同发展,调整企业规模,将其与模块化水平相协调,共同促进生产率的提高。

第三,积极转变发展模式与赢利模式。在参与新型国际分工的过程中,模块化产业组织应进一步提高中国企业在国际分工格局中的地位,从价值链中低端向高端攀升,避免落入"模块化陷阱",摆脱"价值链中低端锁定",转变发展模式,从低价值低利润的赢利模式转变为高价值高利润的赢利模式,从根本上推动产业升级,促进企业技术能力的持续成长。

第四,继续加大基础研发的投入力度。中国正处于创新驱动发展战略的关键时期,各企业应加大研发投入的力度,增强基础研发。政府应鼓励与支持企业加大自主创新力度,企业也应主动跳出"舒适圈",提升企业的自主创新能力,真正掌握核心技术,努力成为国际分工协作网络中的主导者。

第五,大力促进产业融合。模块化产业组织的形成不仅要依靠纵向的产品国际国内分工,还需要依靠横向的产业融合,因此政府应该进一步营造良好的产业发展环境,制定精准的产业扶植政策,引导相关产业有目标、有效率地进行融合,更好地发挥模块化产业组织的优势。

第四章　模块化创新推动中国制造业升级的微观机制

模块化创新推动制造业升级的微观机制主要包括知识分工、组织重构和要素整合。模块化分工是一个模块化系统区分于另一个模块化系统的基础,也是最终利益分配的重要参照,其本质为知识分工,知识分工促进了知识分工价值网络的形成。组织重构反映了技术模块化和产品模块化在组织层面的引致效应,即技术模块化和产品模块化引致了组织模块化,在组织层面通过建立项目小组来承担相应模块的研究与开发任务,镜像假设对这种映射关系进行了描述,组织模块化不可避免地成为模块化外延的重要组成部分,也成为模块化创新的一种组织保障。要素整合集中体现了模块企业之间的分工协作方式和模块化生产网络的结构形式。

第一节　知识分工催生了模块化知识网络

20 世纪 80 年代以来,新型国际分工在产业间逐渐形成了以产品内分工为基础的模块化生产网络。作为特定技术环境下一种发展迅速的生产组织形态,模块化生产网络由多个企业在合作和信任的基础之上,通过一定的制度约束和契约精神,实现整体的生产目标,并且在一定的利益分配机制下使各个成员获得相应的收益。

一、分布式知识的形成

从知识管理的视角来看,模块化分工的本质是一种知识分工,这种新型知识分工主要利用了分布式知识的特征和优势。模块化的优势在于将复杂的结构化产品创新所需的两种知识进行了转化和封装。一是将系统知识,即描述各个模块的作用以及模块之间联系方式的隐性知识,转化为系统内部的显性知识,也就是所有一级模块都可见的系统设计规则。二是将关于模块个体技术特征及其设计原理的隐性知识封装在模块内部,实行信息包裹化,这样可以有效防止知识泄露,从而建立特有知识的产权保护机制。显而易见,知识转化和封装的本质在于将创新所必需的复杂知识进行分布式改造,对于产品系统而言,分布式知识的特点在于知识生产的重点不再是系统知识,而是模块个体的特有知识,产品创新频率的提高更多地依赖于模块创新频率的提高,因此分布式知识的形成能够显著促进产品创新尤其是模块创新。

随着经济发展水平的提高,模块化在经济发展进程中发挥的作用日益显著。当前产业间逐渐形成了以产品内分工为基础的模块化生产网络。即一种生产组织形态,由多个企业在基于合作、信任的基础之上,通过一定的制度约束,实现整体的生产任务目标,在一定的利益分配机制下使各个成员获得相应的收益。其由两个重要的行为主体组成,即主导模块和成员模块,前者扮演系统整合者的角色,它需要依据一定的知识、技术来设计整个生产系统中各个模块所需遵循的规则,包括系统内部需要哪些功能模块,各个模块将要发挥什么样的作用,怎么实现模块之间的合理分工,模块之间又将怎么协调、作用、连接,成员模块是否符合系统要求等内容,规则作为显性知识,在整个系统内部实现了共享,是整个生产网络的核心;后者实际扮演的是模块供应商的角色,依据整体规则结合自身独有的技术知识开展相应的生产任务。其中最为重要的环节即为模块化分工,它是一个模块化系统区分于另一个模块化系统的基础,也是最终利益分配的重要参照,其本质为知识分工。

二、模块化知识网络的形成

在整个模块化生产网络中,主导模块起着绝对的主导作用。其在知识存量上具有极大的优势,在设计整个系统规则时有绝对的选择权,通常会控制系统中知识分享的程度,以保护其内部知识的特有性和专用性,以维护自身的主导地位,确保自身利益的不可侵犯性,避免知识社会化带来的风险;同时这种行为也在一定程度上确保了各个成员模块内部知识的专有性和专用性,维护了整个系统的制衡。而其他成员模块作为系统的组成部分,通常较为被动,为了融入整个模块系统以获取相应的收益,会选择接受并遵循主导模块设计的规则,承接相应的生产任务,在整个系统的规则之下,利用自身的内部知识开展相应的生产活动;但为了维护自身在系统中的成员地位,其在系统内部允许一定程度的知识共享,但对外部系统会建立一定的知识壁垒,确保自身内部知识的价值,防止被其他企业在知识方面赶超,从而替代自身在系统中的位置。

需要注意的是,无论主导模块对知识共享采用什么样的策略态度,模块化内部都将必然存在一定程度的知识共享,可以将其简单地分为两类:一类为知识在内部成员之间的简单传递,比如系统内部 B 模块的某些内部知识对 A 模块的生产有益,通过交流合作使 A 模块可以吸收利用 B 模块中其所需的某些知识;另一类为新知识的产生,比如 A 模块与 B 模块通过合作,增加沟通,促进二者内部知识的双向流动,从而使本来特有的隐性知识得以融合,产生新的更具价值的知识以供 A、B 模块共同使用。这两类知识共享在一定程度上不仅可以增进各个模块之间的信任感,也会增强各成员模块之间、成员模块与主导模块之间的合作意识。

由于模块化的特殊性,各个成员模块之间具有一定的独立性,在日常生产过程中默契地遵守统一的系统规则,在其他方面的交流合作较少,因此在开展创新活动时对其他模块的依赖性较低,只需要考虑与系统整体的规则相适应即可,降低了创新的难度。同时对于模块内部,由于内部隐性知识的特有性和专用性,创新投入一般能获得相应的创新成果,促进各个成员模块的技术创新意愿,从而促进了整个系统在知识与技术方面的创新,使整体实现更高的利益。对于相应的知识与技术创新,可以简单地分为两类:一类是系统内部共享知识即显性知识的创新;另一类是各个成员模块内部独有知识即隐性知识的创新。

对于显性知识的创新,也就是对整个系统内部的规则进行创新。因为系统整体的构架规则由主导模块设计,所以其创新主体主要为主导模块。这一创新过程与主导模块所采取的战略息息相关。如果主导模块不愿意与各个成员模块进行深度交流,对知识共享较为排斥,它会以自身的知识与技术来构建相应的系统规则,强制各个成员模块必须遵守,那么成员模块仅对这部分显性知识共享,一旦想要修改系统规则,将会由于其挑战主导模块的权威而惨遭淘汰。在这种情况下,显性知识的创新完全依赖于主导模块的知识水平及创新意识,如果主导模块不开展系统规则的重新设计,那么显性知识就难以创新。反之,如果主导模块积极促进与成员模块交流,在设计规则时主动接受各成员模块的反馈,通过这种双向交流,促进主导模块在此基础上不断地开展创新探索,更新系统规则。这种方式的创新不仅取决于主导模块的知识技术水平,也取决于各成员模块的态度与实力。

对于隐性知识的创新,也就是各个模块内部独有知识的创新,其创新主体主要为成员模块本身。这部分知识创新可以简单分为两类:一类是独立创新,即不同的成员模块之间交流较少,各自建立有相应的知识壁垒以防止知识泄露,对模块之间的知识分享较为排斥,通常自行在模块内部投入资源,进行不影响系统规则的创新探索,以促进模块内部的效益提高,通常可以采用背靠背竞争、平行作业和自行演化的途径开展;另一类是协同创新,即系统内部相互之间有密切联系的模块,这种联系不仅是生产任务的联系,也可以是技术层面的联系,更重要的是战略方面的联系,这种联系可以使本来相互独立的模块基于信任的基础之上进一步开展合作交流,通过合作分担技术创新的风险,共享创新成果,对推动社会的技术创新具有更为显著的意义。

随着中国经济的快速发展,知识与技术的重要性日益显著,尤其是在中国经济发展战略转型的特殊时期,知识水平与技术能力的提高将成为经济增长的关键要素。模块化生产的整个过程将紧密围绕着知识分工、知识共享以及知识创新展开,其模块化程度的提高不仅表征着该产品知识分工程度的加深,也将促进各个企业之间的合作与竞争,促使企业通过不断开放知识,与相应的企业实现更大程度的知识共享,从而更有效地促进知识在社会上的流动,丰富模块化时代下企业之间独立或协同的创新活动,从而降低知识创新的风险,提高知识创新的效率,促进技术创新与经济增长。

第二节　技术模块化推动了组织模块化

组织理论揭示了不同的偏好、信息、知识、技能等要素如何形成集合效应。从社会系统的视角来看,组织是由基于要素动态组合的相互依赖活动构成的开放系统。组织设计取决于战略、环境、技术、规模与发展阶段等因素,这些因素的识别结果对于组织结构的形成具有直接影响。对于特定目标来说,合理的组织设计建立在对组织形态与所要完成任务的匹配度的掌控之上。

一、产品建构与组织形态的匹配

组织的复杂性体现在组织的各个要素之间具有不同的耦合度。组织要素耦合度的差异在一定程度上反映了组织形态的差异,因此可以通过对组织要素耦合度的分析来探究组织形态差异的原因。组织耦合一般可以采用目标、结构、行为三类维度进行分析,组织结构的差异可以进一步通过成员、权力、职位三个维度来识别。组织耦合度的变动与各个维度的变动是相关的,如果按照目标、成员、权力、职位、行为进行维度区分,各个维度的组合会产生两种截然相反的组织形态,同时也是两种极端的组织形态,即强耦合与弱耦合。虽然不少文献将强耦合看作组织系统要素之间的基本关系特征,但是无法否认弱耦合在一些组织中的存在。显而易见,现实中的组织形态往往介于强耦合与弱耦合之间,这种两分法有助于对特定的组织形态进行研究,详细考证某一种组织更接近于哪一个极端形态。

一个产品的建构在本质上可以视为一种组合,产品功能的发挥依赖于这种组合,或者说,产品功能的发挥取决于各个组件以及组件之间的联结方式。模块化的概念源于产品设计,尤其是对于产品建构的考虑,再经由产品生产,最终将模块化的概念引入了组织结构。一些研究从多个视角考证了产品建构与产品生产的组织的特征之间的关系。一种视角是考证在设计任务中需要将团队沟通与技术依赖统一起来。在许多情况下,技术依赖是无法预知的,而是人为选择的结果。而且,这种选择过程通常对组织绩效具有直接的导向作用。当产品建构需要进行突破创新时,产品设计的要求会反映在担负设计任务的组织中。一般来说,组织变革是一个渐进的过程,但是处于竞争环境中的产品建构却是日新月异的。可见,产品建构与组织形式之间存在一种动态机制。

模块化的原始含义描述了一个产品的建构是如何分解为不同部件或模块的,这种含义的本质在于模块内部的互联性以及模块之间的独立性,后者显然符合弱耦合的特征,但是弱耦合关系不等于模块之间是完全封闭的,正好相反,模块之间的关联方式是由系统设计规则决定的。对于模块化设计而言,弱耦合关系的本质在于一个模块的变化对其他模块几乎没有任何影响。按照这样的逻辑,既然可以用弱耦合来形容模块之间的关系,由于耦合度是可以量化的,那么模块之间的关系就可以理解为模块化程度,同样地,模块化程度也是可以测量的。根据鲍德温和克拉克(2000)对模块化的描述,通行的模块化程度测量方法是采用一种设计结构矩阵,这种方法从产品设计角度出发,运用矩阵方式测量产品要素之间的相互依存性。当然,这些要素可以被看作是任务、参数或实体组件。设计结构矩阵能够在计算的基础上对耦合度进行测量,并且利用测量值对不同的建构进行比较。与此同时,运用设计结构矩阵能够对任务互联与项目团队沟通之间的契合度进行探析。

二、镜像假设与创新的关系

近年来关于产品技术建构与组织形态之间关系的一个新观点是镜像假

设。这种观点的主要内容为,如果产品的技术建构随着设计过程的完成而确定下来,那么就必须选择相应的组织形态以实现这种技术建构。虽然镜像假设没有提及模块化问题,但是镜像假设的提出与模块化理论的发展是密切相关的。因为无论是模块化产品还是集成化产品,其关注点都在于构成系统的组件之间的关系特征,即耦合度。围绕镜像假设的一种主流观点认为,集成化建构导致了一体化组织,模块化建构导致了模块化组织。这一观点似乎正好反映了镜像假设的本质,体现了镜像假设所强调的映射关系。

从镜像假设与创新的关系来看,支持模块化建构与模块化组织的对应关系的观点认为,模块化建构所形成的组件之间的标准界面表明了一种弱耦合关系的存在,这种弱耦合关系能够嵌入担负产品设计的组织流程之中。系统的标准界面不仅有助于减少担负各个组件开发任务的项目团队之间的沟通,而且减少了管理层对于控制和优化系统开发流程所进行的协调。这两种效应实际上相当于降低了组织内部交易成本,成为增量创新和模块创新的效率基础。此外,模块之间标准界面的形成将系统设计规则固化为循环于系统中的显性知识,并将这种系统知识嵌入组织结构中。由于实施了信息包裹,关于特定模块设计的知识成为模块内部知识,也就是系统中的隐性知识。对于增量创新和模块创新而言,创新的源泉在于系统中的隐性知识,创新的根本在于特定模块隐性知识的生产,而无须耗费大量成本去掌握已经固化为显性知识的系统设计规则,因此相对于集成化建构,模块化建构相当于在增量创新和模块创新方面降低了隐性知识的学习成本,亦即提高了这两种创新的效率。在弱耦合关系环境下,模块化组织中的组件开发团队可以相对独立地执行特定模块的研发任务,不同模块的研发任务可以并行作业,相当于缩短了产品系统的开发周期,组织流程将不同组件开发团队之间的沟通和交流减少至最低限度,从而极大地提高了模块化产品开发的成功率。

然而,并非所有的研究都支持镜像假设关于模块化产品建构与模块化组织之间对应关系的观点。一部分研究指出,镜像假设只是描述了模块化建构与组织形态之间的静态关系,渐进性模块化能够强化组织的可重构性,而不是仅仅改变组织的层级结构。这就说明产品建构与组织形态之间的映射关系并不是一成不变的,而是具有权变的特征,因此对情境变量的考虑有助于确定镜像假设的适用范围,特别是有助于深化镜像假设的含义。在一些实证研究中发现,不同的组织层级中存在不同的关于镜像关系的表现。在组件层面,产品模块化与组织模块化的对应关系是存在的;在企业层面,二者的对应关系是不确定的,取决于情境因素。可见,镜像假设中的关系特征不应该是静态的、单一的,而应该是动态的、复杂的。

镜像假设中的关系特征的动态性仍然与创新类型密切相关。企业在长期内面临的市场风险和竞争压力促使架构创新和突破创新成为必然选择,这两种创新类型比增量创新和模块创新更具有不可预见性,同时也面临更大的设计迭代风险以及更高的成本支出。无论是架构创新还是突破创新,二者都要求对产品建构进行重新设计,亦即重新制定系统规则。原有的模块化组织面临重构的压力,组件设计团队之间的业务沟通网络在系统集成的作用下会增进知识分享和技术交流,并且强化对组件之间相互依存关系的支持,以便进行新知识的生产和嵌入,同时对创新所需的知识进行重新编码、分类、萃取和整合。可见,组织重构是产品建构变革的必要条件。

镜像关系在不同的创新行为中的表现是不同的,同时镜像关系在技术系统和组织系统演化的过程中是持续存在的。在产品建构相对固定的增量创新和模块创新过程中,创新所需的新知识多为组件层面的知识,此类知识只涉及有限的组件,不涉及系统设计规则和整体运行机制,自然也就不涉及支持系统运行的业务组织流程的重构。然而,在打破原有产品建构的架构创新和突破创新过程中,创新所需的新知识多为系统层面的知识,此类知识不但涵盖全部组件,而且包括各个组件之间的相互联结方式和业务沟通机制,对应着系统设计规则和完整的组织信息流程,因此必须通过组织形态重构对创新活动形成基础性的支持作用,而创新的目标是开发出更高级的产品建构和系统规则,以便更好地应对外部环境威胁和技术冲击。

三、模块化生产的信息流程

一个组织的信息流程通常反映了其组织架构下的业务沟通机制。模块化生产网络已经成为汽车制造业的主流生产组织方式。以丰田公司为例,图4-1 显示了以丰田公司为系统集成商的汽车模块化生产网络的信息生态系统。该系统由三个子系统构成,分别为丰田公司内部信息生态系统、供应商信息生态系统、丰田与供应商信息协同生态系统(尹小平和孙小明,2017)。

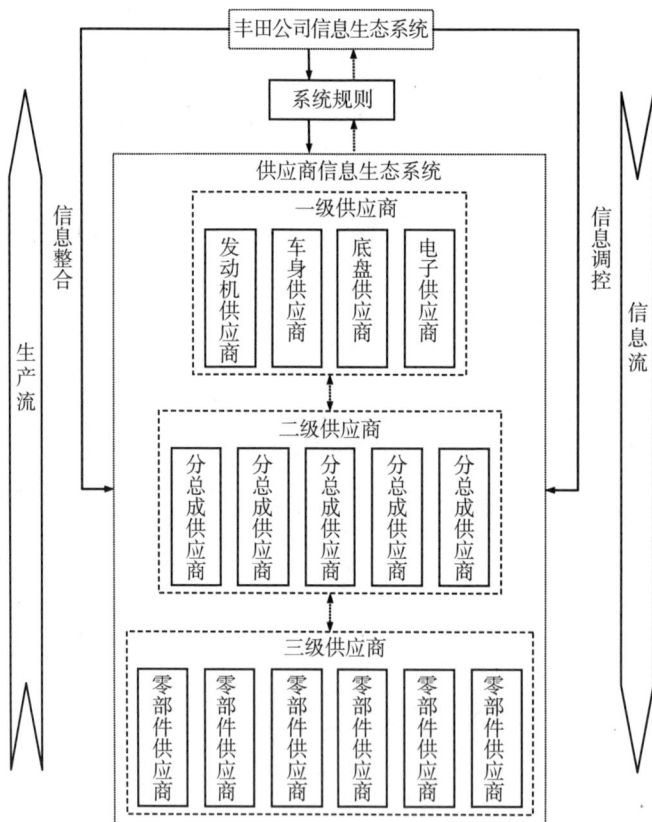

图 4-1 丰田公司模块化生产网络信息生态系统

资料来源:尹小平、孙小明:《丰田公司模块化生产网络中信息生态系统的形成条件与机制》,《现代日本经济》2017 年第 1 期,第 55—65 页。

　　丰田公司在模块化生产网络中担当"领航员"的角色,生产和发布关于产品设计模块化的信息,建立组织内部信息生态系统,同时制定明晰的系统规则,并以此为联结方式来构建组织外部信息生态系统,包括供应商信息沟通机制以及丰田与供应商信息沟通机制。丰田公司内部信息生态系统是模块化生产网络信息生态系统的核心,丰田公司在其与供应商信息沟通机制中发挥主导作用,与此同时,丰田公司不对供应商信息沟通机制进行直接干预,而是采取指导和建议一类的间接性措施促使供应商信息沟通机制形成。

　　丰田与供应商信息生态子系统是整个信息生态系统的主体。丰田公司将基于标准化界面的系统规则作为产品架构信息传达给模块供应商,同时确保信息传达到位,各级模块供应商对产品架构信息进行选择性地吸收和利用,甚至包括产品开发相关知识的转化、转移和创新,继而进行总成、分总成和零部件的细节设计与生产,并且在此过程中进行必要的信息反馈,形成对系统规则的影响机制。显而易见,信息生态系统的形成与演化在一定程度上依赖于丰田公司与供应商之间的协同效应。需要指出的是,丰田公司信息传达的主要对象是负责总成的一级供应商而非其他各级供应商,丰田公司与一级供应商之间的关系在丰田与供应商信息生态系统中居于支配地位,一级供应商的响应能力和协同能力对于信息生态系统的稳态运行至关重要。

　　供应商信息生态系统的运行机制主要体现为供应商之间的协同,其一是不同层级供应商之间的协同,其二是同一层级供应商之间的协同。不同层级供应商采用级差管理的方式,一级供应商从丰田公司获取产品设计信息和生产指令,进行总成的设计和生产,并向二级供应商下达关于分总成的设计信息和生产计划,同样地,二级供应商向三级供应商下达关于零部件的设计信息和生产计划。二级供应商和三级供应商在执行开发和生产计划的过程中针对遇到的技术或管理难题向上一级供应商反馈信息。一般来说,层级越低的供应商的信息反馈对整个生产网络的影响越小,但是这种信息反馈与需求信息传达一并形成了信息的闭合回路,不仅有助于信息生态系统的完善,而且催生了信息生态系统的自我演化能力。此外,同一层级供应商之间的协同效应远大于竞争关系,同级供应商遵循系统规则主导的产品架构,按照上一级供应商的需求信息进行横向分工协作,同时根据上一级供应商的引导,充分开展知识共享和技术交流,实现平行沟通,提高信息流动的有序性和业务沟通的效率。其中,一级供应商之间的协同最为重要,这种协同反映了产品子系统之间的耦合方式,直接决定了产品功能的实现程度。

信息生态系统的自组织能力增强了丰田公司对模块化生产网络的掌控能力,信息系统的本质是业务沟通机制,同时也是组织结构的映像,源于模块化设计的模块化生产方式要求信息系统结构能够承载竞争性资源配置方式对信息环境的要求。一方面,丰田公司通过生产链将需求信息以订单形式逐级向模块供应商传递;另一方面,各级模块供应商通过信息链以报告形式向上一级供应商或丰田公司反馈关于计划实施进度和异常状况的信息,由此形成信息生态系统的运行机制。整个信息生态系统功能的实现是三个信息生态子系统共同发挥作用的结果,同时每个信息生态子系统都具有相对独立的作用机理。旗舰企业不仅要实现生产分散和收益集中,而且要致力于培育各级供应商的技术能力、响应能力和协作能力,构建知识平台和创新环境,引导和鼓励供应商之间开展纵向和横向的知识交流和业务沟通,例如设立自主学习小组。系统集成商与模块供应商之间的层级组织关系是模块化生产网络治理结构的关键所在,系统集成商有必要在层级组织关系的基础上构建和优化信息沟通流程,形成和深化激励约束关系机制,提高以信任和协作为前提的关系租金,最终强化自身的竞争优势。

第三节 模块化促进了组织之间的要素整合

随着全球化与信息时代的到来,产品系统日益复杂,国际分工与合作逐渐加深。模块化作为一种新兴的产业组织方式,使企业边界日益模糊,跨越了产业与地域的限制,使生产要素在全球范围内得以更为高效地配置与整合。相比传统工业经济时代强调的分工与专业化而言,模块化思想更为重视不同产业或地域之间生产要素的整合。模块化设计与生产改变了产业内同质化竞争的状况,引导了产业内与产业间的有效合作,使模块化系统内的各个主体相互联结,彼此利益相关,形成一种具有自演化能力的模块化分工网络。模块化分工网络包含了土地、资本、劳动、知识、技术、制度等各种生产要素,模块化系统中的各个模块成为生产要素的载体,模块之间的整合本质上就是生产要素的整合,其整合过程通过契约关系来实现。

要素整合指在一定的规则指引下,通过对生产要素进行有效的配置与调整,最终实现降低交易费用、提高经济效益、提升生产效率的经营目标。要素整合通常涉及多个企业主体,而这些企业也可能处于不同的产业链,虽然企业之间存在复杂的竞合关系,但是在一定的契约关系约束之下能够实现协同发展。这种契约关系遵循一定的市场组织原则,使各个模块内部的知识形成信息包裹,具有一定的知识产权保护作用,在一定程度上确保各个主体的经济效益不受侵害。同时这种契约关系作为企业之间缔结的正式协议,对成员企业具有严格的约束作用,以确保整个模块系统的正常运行。在参与要素整合的成员企业中,必然存在极少数核心企业,其担任模块化系统规则制定的角色,与各个功能模块供应商建立契约关系并负责最终产品的集成。核心企业在整个模块化系统中的作用举足轻重,它的能力高低直接关系到整个系统的协调性和高效性。需要注意的是,要素整合并不是简单地进行要素加总,而是各种生产要素在市场机制的作用下通过合理的分配、调整和重组,从而实现更高层次的有机融合。此外,生产要素整合并不是一劳永逸的,通常需要根据系统内外部环境变化对承载相应生产要素的模块进行再整合,以维持模块化产品系统的持久生命力。

如图 4-2 所示,E 代表企业,M 代表模块,灰色部分代表生产相应模块所需要整合的生产要素,双向箭头代表契约关系。模块作为生产要素的载体,通过参与模块化网络组织的形成过程来实现要素的整合。假定存在产业链 A 和 B,其中,产业链 A 中的 E_{A0} 作为核心企业,负责设计模块化系统规则,并与其特有的中间模块供应商 $E_{Ai}(i=1,\cdots,7)$ 建立契约关系。同样地,产业链 B 中的 E_{B0} 作为核心企业,与其特有的中间模块供应商 $E_{Bi}(i=1,\cdots,7)$ 建立契约关系。E_8、E_9、E_{10} 所生产的模块可以同时供应 A、B 两个产业链,因而 E_8、E_9、E_{10} 是共有中间模块供应商,打破了产业边界。企业 E_{Ai} 通过对生产要素进行整合来生产相应模块。在模块化价值网络中,不同企业所拥有和控制的生产要素差异较大。有的企业仅依靠自身所拥有的部分生产要素便可以完成某一中间模块,例如,E_{10} 生产 M_{B9};有的企业需要利用企业自身所拥有的全部生产要素来完成某一中间模块,例如 E_{A1} 生产 M_{A1};有的企业尽管运用了自身所拥有的全部生产要素,然而只能生产中间模块的一部分,例如 E_{A6} 生产 M_{A4a};有的企业需要运用部分生产要素来生产某一中间模块的一部分,而将剩余生产要素挪作他用,例如 E_{A4} 生产 M_{A3a};有的企业则需要与其他企业整合生产要素方可生产某一模块,如 E_{A2} 与 E_{A3} 联合生产 M_{A2}。整个模块化网络在深化分工的同时通过契约关系强化了要素整合,促进了价值融合。

由此可见,要素整合过程打破了企业之间及产业之间的边界,使生产要素可以在市场机制的作用下进行更有效的流通,实现了资源更大范围的优化配置。首先,企业通过要素整合使企业的生产更加具有柔性,在降低交易费用与生产成本的同时提高了企业的收益。其次,合理的要素整合必然会提高要素配置效率,而要素配置效率的提高也会在一定程度上提高全要素生产率,并为推进传统产业转型升级奠定基础。最后,要素整合在强调协作的同时仍给予了各个参与主体一定的自主权,充分发挥决策权分散的积极作用,在一定程度上能够促进各个模块内部的创新,保持模块化产品较高的创新频率,从而快速推动相关产业的创新进程,为推进创新驱动战略提供源源不断的动力。

要素整合对于产业间的知识流动和产业协同发展是至关重要的,然而要

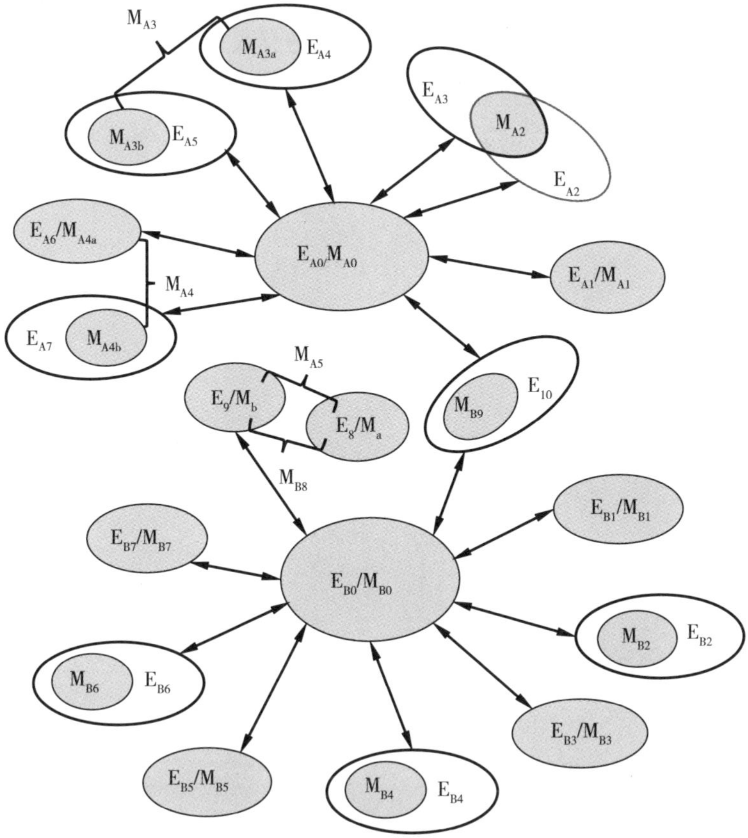

图 4-2　模块化网络中的契约关系

资料来源:曹虹剑、贺正楚、熊勇清:《模块化、产业标准与创新驱动发展——基于战略性新兴产业的研究》,《管理科学学报》2016 年第 10 期,第 16—33 页。

素整合过程复杂多变,应该予以重视。为了确保要素整合顺利开展,在要素整合过程中需要遵循客观规律。首先,要遵循柔性原则。要保持良好的市场嗅觉,及时依据成员企业及所在产业的实际情况,因地制宜地实行适合产业发展的整合措施,并不断地根据市场反应进行动态调整以降低市场风险。其次,要遵循统筹兼顾的原则。由于要素整合涉及的主体较多,需要完善的契约与规则作为制度保障,明确各个主体的权利与责任,确保系统内的各个主体都能实现共赢。再次,要素整合过程对系统的核心企业提出了较高的要求,核心企业应积极培育要素整合能力并拓宽产业视野,在契约的约束下,强化监督与管理、协调各主体之间的利益纠纷,确保系统的有效运行。最后,要素整合需要构建有效的要素平台,推进要素分配、重组、整合的进程,从而降低相应的交易费用,为要素整合提供良好的前提条件。

第五章 模块化创新推动中国制造业升级的中观机制

模块化创新推动制造业升级的中观机制主要包括模块创新、标准竞争和集群演化。其中,模块创新和标准竞争属于产业视角的模块化创新机制,集群演化属于空间视角的模块化创新机制。

第一节 模块创新显著提高了创新频率

在模块化价值链中,企业设计和生产关注的对象已从原先的产品演化为模块,因此,产品创新不再是创新的焦点,取而代之的是模块创新。

一、模块创新的含义

模块创新有狭义和广义之分,狭义的模块创新指的是在产品系统中,通过技术创新来增加发挥具体作用的模块的附加值,从而提升系统的功能性,实现功能模块的创新,是模块内部的创新,这与模块式创新相类似。广义的模块创新指的是在系统结构上,对模块化进行重组,从而降低系统的设计和生产成本或改进其功能,实现模块系统的结构创新,是模块间的创新,与结构式创新相呼应。值得注意的是,在进行模块结构的创新时,模块操作必不可少,因此系统层面结构的改变经常需要模块内部的独立创新,以使结构创新与模块创新相适应。

模块创新的精髓是技术创新,通过技术创新,功能模块可以实现技术演进,这一演进过程包括学习、吸收和转化,从而增强模块的技术创新能力,进一步加强模块的创新能力。例如,半导体集成电路作为计算机中央处理器的核心技术的体现,其特征尺寸越来越小,集成度越来越高,这一演进展现了这一工艺的模块升级。

另外,模块的技术创新水平提升后,其创新频率也会随之提高,进而缩短模块创新所用的时间,电子元件、计算机、通信等信息技术领域的模块创新突出地体现了这一特点。正如摩尔所提出的理论,在相同的价格下,集成电路上元器件的数量与性能每隔18—24个月便会增加1倍。相较于集成化产品,模块化产品的创新速度显著更快,创新频率显著更高,这一现象在工艺创新与产品创新上均适用,计算机作为模块化产品的典型,其核心电子元器件行业是技术创新频率和速度都最高的行业之一,近年来,电子芯片的体积越来越小,性能呈指数形式上升,成本却越来越低,这种模块内部的功能创新使计算机这一模块化产品为用户创造了巨大的价值。

二、模块创新的分类与特征

中观层面的模块创新是指模块化产业链中的创新,包括独立创新(Independent Innovation)和协同创新(Synergic Innovation)。独立创新是指模块内部独立进行创新,这要求在创新时遵守系统层面的设计规则,各模块之间互不影响,相互竞争、并行创新,这一创新类型对应狭义的模块创新。协同创新是一种合作创新,指的是模块化产业链中的成员发挥自身的核心优势,相互补充、共同创新,这一创新类型对应广义的模块创新。如图 5-1 所示,模块化生产网络中包含两种创新主体,第一种是领导者,可称为舵手;第二种是模块供应商,其提供特定的功能模块的设计或生产,包含通用模块供应商和专用模块供应商。舵手领导和掌握系统层面的模块创新活动,例如整合新的知识与资源,订立系统规则,分配模块化产品的分工任务,最后选择最优的模块供应商参与集成工作。虽然舵手主要在系统层面发挥其领导作用,但其对系统设计规则的订立以及对模块供应商的挑选与组成,均会直接影响模块内部的独立创新。

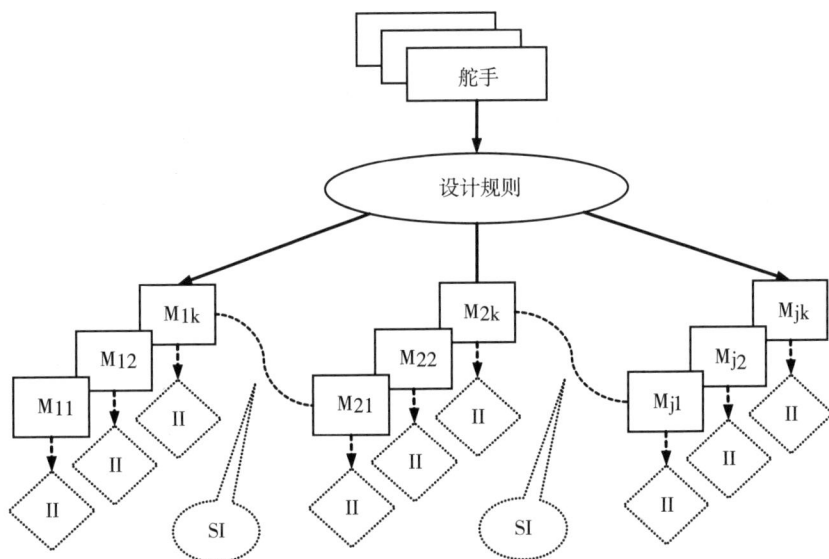

图 5-1　模块的独立创新与协同创新

资料来源:张琰:《模块化网络状产业链中知识创新理论模型研究》,《华东师范大学学报(哲学社会科学版)》2012 年第 3 期,第 62—68 页。

中观层面的模块创新不但按生产阶段划分为两种类型,还会在同一个生产阶段出现多个同类型的模块。这体现了模块创新的两个特征:一是同类型的各模块之间会进行竞赛,在系统规则的约束下,各模块进行独立创新,均为被系统选上而努力;二是各种模块之间,无论是同类型还是不同类型均会进行系统创新,从而获得合作研发的优势,各模块也可以吸收到其他模块的隐性知识溢出。

1.独立创新

模块的独立创新是为了对技术和产品寻求突破。在复杂产品的系统中，只要系统层面的规则被制定了，产品构建的方式即得到了确定，模块之间如何组合也得到了明确，此时各模块供应商能够在系统规则的约束下独立进行创新，不需要考虑其他模块是否适应，因为与其他模块的关系都已经被规定，只需考虑在模块外部留给其他模块的接口是符合系统设计规则的。这样的创新规则为模块内部的创新提供了巨大的空间，一方面，模块内部知识可以被很好地掌握和利用，技术创新的成本会大幅度降低；另一方面，当内部知识不够支撑其完成创新时，可从外部吸收部分隐性知识加以利用。当然，独立创新并不代表模块完全"闭门造车"，相反，模块化系统最大的特点是开放性。首先，功能模块可以实现自我演化和创新，却不会对其他模块的性能产生影响，因为这种演化对于系统和其他模块是隐性的。其次，模块内部的创新也无须考虑其他模块决策的影响，因此系统中的任何一个模块都可能会产生创新，从而提高系统的整体性能。

通过模块化，复杂产品或系统的创新成本得以降低，创新效率得以提升。复杂产品或系统的生产和演进要经过分解、集成，分解与集成是模块化的本质。分解是对系统进行解构，是一种自上而下的活动，集成是对系统进行组合，是一种自下而上的活动。从模块化的角度来看，分解是对技术活动进行模块化，集成是将模块集合成最终产品。这两种活动均以创新资源的利用为核心，而创新资源的核心为知识，因此，知识分解与集成是模块独立创新的本质特征。知识分解对应系统分解，将知识分解并以一定的联系规则形成分布式知识，这样分布式知识成为独立创新的基础；知识集成对应系统集成，是指将分布在各模块间的知识进行组合和加工，形成模块系统的知识，这有别于模块内部的知识整合。模块化知识集成是以原有的价值链为基础，整合各模块所溢出的隐性知识，搭建新的模块化知识网络，并不断创新知识网络，在系统层面构建持续的知识循环。

2. 协同创新

协同创新是指模块之间为了获得更大的创新收益而进行合作的活动。虽然模块创新更注重独立创新,因为独立创新是模块创新的核心,但是系统创新也有其存在的意义与重要性。一个系统内部的不同模块,各有所长,各有所短,各模块在独立创新时需要取长补短,产生特定的依存关系。

协同创新对系统和模块均有不同程度的影响。从系统层面来看,创新会对现有系统结构进行新的安排,对系统规则进行新的设计,重新定位系统中的各个模块,同时也会影响单个模块之间的联系。鉴于任意模块与模块之间均有其特定的连接方式,因此协同创新要求各模块充分利用其自身的核心资源与能力,在与其他模块的核心优势进行互补的基础上完成创新,而非单纯的合作创新。协同创新会对系统创新产生深刻的影响,当然,不可忽略独立创新对系统的外部性。舵手作为系统创新的领导者,必须考虑协同创新对系统创新的影响,更好地学习、吸收、整合模块内外部的知识流,完成相应的知识积累,从而更好地实现系统创新。

协同创新的完成是以各模块更好地实现独立创新为目标的,只是在进行系统创新时,得到了来自不同模块的知识溢出的支持。学习型组织理论指出,仅有内部的知识积累不足以支撑主体的创新,外部的隐性知识也是创新的重要因素,因此需要模块进行学习。通常情况下,模块不容易吸收到系统知识,但通过合作,能够获取其他相关模块的知识。以计算机这一复杂产品为例,计算机系统所需的显卡与主板两种子模块关系密切,这两个模块供应商之间进行合作创新,不仅可以改进产品的整体性能,还能够促进各模块自身的技术创新。

综上可以看出,模块创新的实现依靠模块内和模块外的共同学习,通过共同学习,模块对内外部知识进行整合,通过协同创新,模块引进、学习、吸收外部的隐性知识,将外部知识内化为内部知识,为己所用,再进一步消化和强化,为创新提供基础。在协同创新这一过程中,外部知识的内化使模块对隐性知识的学习成本大幅降低,独立创新的周期随之大幅缩减,促进了独立创新的速度和频率,模块的知识整合速度愈加提高。

现有模块创新常见的操作方式是模块供应商之间组建技术联盟,共同研发创新,最终达到共赢。最典型的例子是在计算机这一模块化价值网络中,生产中央处理器(Central Processing Unit,CPU)这一硬件的英特尔公司和开发操作系统这一软件的微软公司通过战略合作所建立的温特(Wintel)技术联盟,已经成为经典的系统创新战略联盟,这样的联盟一方面可以使两个核心模块供应商共享知识,搭建了技术创新的平台,促进了软硬件产品性能的更新与提升;另一方面也使双方获得了市场控制权和品牌影响力。

第二节　标准竞争有助于产业快速增长

在全球化的知识经济时代,标准是创新的命脉。产业标准的制定有助于实现产业内的规模经济和范围经济,同时降低行业内的交易成本,减少重复劳动。标准化为模块化提供了产品设计的技术基础,而模块化过程中的知识创新和技术创新推动了标准化。

一、标准的分类

从内容上来看,产业标准可分为界面标准和技术标准。界面标准是指对系统内模块之间的沟通规则进行制定,规定模块化单元如何对接和互动,并将所制定的规则在系统内予以公告,各模块间的沟通要严格依据界面标准来进行工作,否则会使模块之间协调失当,影响整个系统的工作。技术标准最早被应用于自然科学领域,其定义随着社会经济的发展不断进行演进,技术标准原意是确定产品适用于特定用途、设备或系统的功能和性能的规范,这一规范是行业内大部分厂商和消费者所认可的,只有符合这一规范,产品才可以进入市场。技术标准有助于确保产品、服务和生产过程的质量和安全,并防止对健康和环境产生负面影响。模块化产品的技术标准的来源是模块系统规则的设计,即为了确保不同模块所生产的产品、技术和服务能够有效整合而制定或形成的统一的规则,是不同模块开发人员进行对话的统一的"语言符号"。各模块产品的操作人员只有均按照技术规则进行开发和设计,才能够确保不同模块的产品、技术或服务能够重新组合、交替使用。技术标准要根据知识和技术经济的发展不断进行调整,必要时还要进行重新设计。界面标准和技术标准共同为模块系统服务,使其能够良好运行。

从标准制定和创新的路径来看,标准可分为"法定标准"和"事实标准"。"法定标准"也叫作正式标准,是指政府或政府授权的组织颁布明确的文件将某一标准作为行业内必须遵守的规范;"事实标准"即厂商通过提升自身的实力,例如占有更多市场份额或提高产品质量,使厂商所采用的标准为大多数厂商或消费者所认可,在实际上成为行业的标准。

模块化分工过程中,标准发挥了重要的作用,其功能决定了标准具有兼容性、网络性、稳定性与动态性共存的特征。兼容性指标准要满足不同模块的不同需求,以使各模块可以顺利整合。网络性是标准的网络外部性,即只有采用标准的厂商越多,消费者数量越多,该标准发挥的作用才会越大,才会更有价值。稳定性是指标准一旦被确定下来,其在短时间内轻易不会发生变化,而动态性则是由于知识和经济的发展,标准必须随之进行调整或重新设计。

标准创新一般有两条路径,一种是通过自上而下的路径来制定法定标准,另一种是通过自下而上的路径形成事实标准。通常某个产业的标准并不是单一的,可能会存在多种标准。例如,在移动通信产业发展早期,除了欧洲主要电信运营商和设备制造商组成的标准化委员会制定的全球移动通信系统(Global System for Mobile Communications,GSM)标准外,还有美国高通制定的码分多址(Code Division Multiple Access,CDMA)系统。不同的系统有不同的网络运营商采用,也会有不同偏好的消费者群体。

二、标准竞争的过程

标准创新的必经之路是标准竞争。无论是自上而下还是自下而上的标准制定方式,都必须制定被大多数人接受或认可的标准,而这一认可表现为相对市场份额,也就是说,标准竞争离不开市场竞争,市场竞争机制反映了标准竞争的本质特征。

标准竞争的过程可以通过构建模型来进行解释(芮明杰和张琰,2009)。现实中,消费者偏好存在一定的差异,各种标准均拥有一定数量的消费者,一个行业可能只有一种标准,也可能存在多种标准。一种简单情形是假设行业市场只存在两种标准,分别为 A 和 B,二者存在一定的替代关系,A 和 B 拥有相同数量的消费者,从消费者评价来看,存在 A 和 B 的竞争均衡。

如果 A 想争取更多的消费者,就必须发掘消费者需求,设法改变消费者偏好,使消费者转而选择 A。例如,利用差异化战略提高产品或服务的市场占有率、利用技术手段建立标准优势,等等。如果 A 的策略奏效,那么选择 A 的消费者就会增加,由于市场容量不变,均衡点发生转移。显然,在新的均衡状态下,A 的市场份额大于 B 的市场份额。

然而,这种情形只能说明 A 和 B 的市场份额存在差距,这既有可能是由于二者存在技术差异,也有可能是由于二者的市场推广策略不同,但无法说明 A 对 B 具有优势。标准具有优势实际上描述了一种极端情形,如果一种标准在所有市场份额情况下均对全体消费者具有较高净价值,那么就可以认为这种标准具有优势,亦即,在市场份额相同的情况下,A 对所有消费者的净价值都高于 B 的净价值(芮明杰和张琰,2009)。

如果某种标准具有优势,那么只要这种标准进入行业市场,就会将其他标准排挤出市场,形成标准垄断的均衡态势。假设 B 是更优的标准,但最初市场上只有 A 一种标准,因此 A 的市场份额为100%。B 出现后,由于 B 具有绝对优势,所有消费者都将选择新兴标准 B,原有标准 A 被排挤出市场,B 成为垄断标准而独占市场,从而使标准竞争的均衡点发生逆转。

总之,标准竞争的市场结构类似于产品竞争的市场结构。由于垄断竞争市场普遍存在,因此以上模型描述的是垄断竞争市场的均衡状态①,而标准优势描述的是垄断市场的均衡状态。在模块化生产条件下,技术创新和标准竞争是标准创新的两个必要条件,技术创新是标准创新的前提和基础,标准竞争是标准创新的必要手段。

第三节 集群演化有利于构建产业竞争力

产业集群是一种介于市场和科层制组织之间的中间性组织,同时也是处于宏观经济和微观主体之间的一种区域性经济组织。按照波特(Porter)提出的产业集群概念,产业集群的本质是一种资源配置方式,其存在的目的是获取一系列竞争优势,这些优势来源于专业化经营、深度分工、规模经济、范围经济、知识溢出、协同创新、多样化供给、风险规避与缓解,等等,这也正是产业集群的特征所在。集群最终所形成的竞争优势会体现在企业层面、产业或地区层面、国家层面,波特提出的钻石模型从生产要素、需求条件、上游产业和支持产业、企业战略与结构及同业竞争四个方面解释了一个国家的某种产业为什么能够形成国际竞争力。由此可见,一国某种产业竞争力的构建通常要借助产业集群的要素整合和资源配置作用,因此钻石模型所隐含的一个观点是,产业集群作为一种产业组织形式,不仅有助于构建核心竞争力,而且具有显著的自我演化能力,当然,这种演化需要一定的内部外条件。

---

① 由于模型假设市场上只存在两种标准,因而此处将寡头垄断与垄断竞争两种市场结构合并,统称为垄断竞争,并且不考虑完全竞争市场。

一、产业集群演化机理

产业集群的演化过程反映了一个或多个产业持续、深入、协调发展的过程。如图 5-2 所示,产业集群内部的主体是围绕相关产业链而集聚的各类企业,同时存在各种配套服务机构,集群外部的主体主要是处于区域经济圈的市场和政府以及社区参与者,市场发挥资源配置的基础性作用,同时促进分工,政府的职能在于创建产业成长的平台和环境,同时协调集群内各方关系。集群演化一般可以大致分为萌芽阶段、成长阶段、成熟阶段、衰退阶段,各个阶段的集群具有不同的特征。

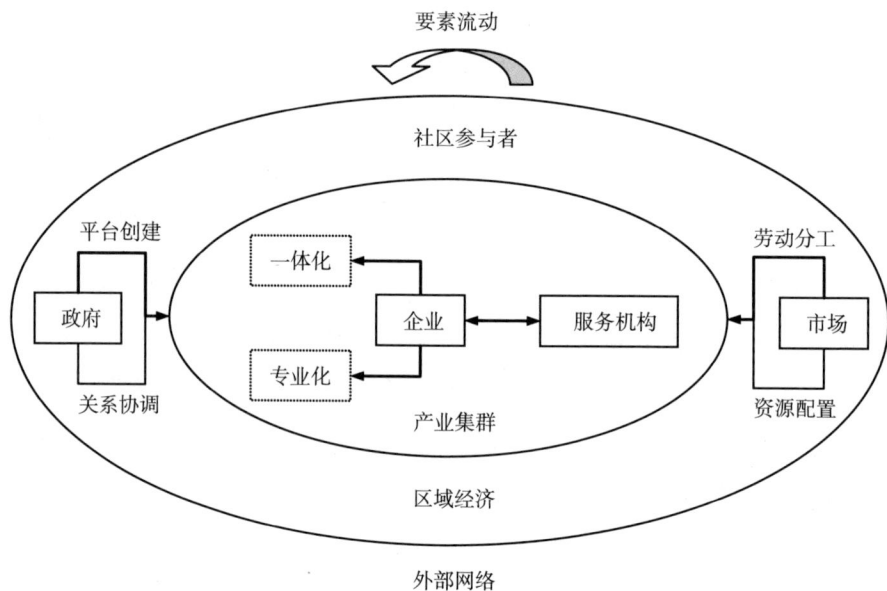

图 5-2　产业集群演化机理

资料来源:闫彦明:《分工、专业化与模块化:产业集群演化的一个视角》,《学术月刊》2011 年第 11 期,第 86—92 页。

集群的萌芽阶段并没有出现真正意义上的产业集群,只是在市场需求与供给、技术革新或政府决策的推动下,一些从属于某一产业链的企业集聚于特定区域,这些企业之间尚不存在明确的分工协作关系,随企业集聚而来的配套服务机构数量也很少。集群的成长阶段的特征主要表现在以下四个方面。一是分工与专业化的深化和扩展,企业内部和企业之间的分工逐步深化,专业化程度持续提高;二是产业链基本形成,产业价值链片段化程度不断提升;三是规模经济开始出现,要素报酬递增刺激规模扩张;四是优势企业发生分化,一部分企业在规模扩张的基础上进行产业资源整合,逐渐走向垂直一体化,强化企业内部分工,形成集团企业,甚至延伸产业链,另一部分企业继续提高垂直专业化程度,强化产业价值链某一个或几个环节的优势,致力于精深化经营。集群的成熟阶段的标志是发达的特色产业链、实力雄厚的企业和完善的网络结构。集群产业链具有区域特色和竞争优势,不仅形成了集群内部的产业分工协作网络,而且集群内部与外部进行充分的要素流动和资源交换,集群产业链与外部产业实现对接和关联,形成更大范围的产业网络,集群的优势企业成为产业网络中的重要结点。集群的衰退阶段表现为由于某些风险的出现而导致集群难以避免地面临消亡或转型。这些风险既包括外部威胁如技术变革、需求萎缩、原料匮乏、竞争压力、政策变迁等,也包括内部紊乱如机制僵化、关系危机、规模过度、创新乏力、思维滞后等。长期来看,各类风险是不可避免的,集群衰退的消极结果是消亡,积极结果是寻求机会进行转型升级。

可见,产业集群演化是一个动态过程,是各种不断变化的因素综合作用的结果,产业集群演化是周期性的四个阶段的变化过程,传统产业集群基本符合周期性演化机理。但是,模块化产业组织的出现极大地冲击了传统产业集群的理论与实践,这就要求在模块化视角下对产业集群演化机理进行修正和完善。

二、模块化产业集群内生演化机理

主流模块化理论认为技术模块化是产品模块化的必要非充分条件,同样的,产品模块化是组织模块化的必要非充分条件。组织模块化既指代微观层面的组织,也指代中观层面的组织,后者显然是针对产业组织的模块化,产业集群作为一种特定区域的产业组织方式同样融合了模块化分工。产业集群的模块化体现为集群内的企业和服务机构按照功能分工原则分解为若干具有一定独立性的、半自律的模块,同时建立一套适用于整个产业网络的联系规则,以便将所有模块的功能整合到一个产业系统中。由此,模块网络嵌入了集群内企业和其他主体所承载的产业价值链中,企业之间以及企业与其他主体之间通过模块网络形成特定产业链的功能分工体系。相对于传统产业集群而言,产业集群模块化实现了扁平化的集群组织结构,强调了每个模块的独立性、兼容性、替代性和创新性,突破了传统产业集群的组织边界和空间限制,模块化产业集群不再以集群内的微观主体为节点,而是以模块为产业网络的结点。集群内的企业和其他主体成为模糊边界组织,企业内部结构融入模块网络,企业的核心能力凝结在其参与供应的模块之中。

模块网络的产生依赖于模块链对价值链的替代。传统产业集群中的价值链是遵循产业内分工原则对产业链进行分割,由不同的企业承担价值链的不同片段,各个片段之间是线性的上下游关系,产业集群的组织结构具有明显的科层制特征。模块化产业集群是按照模块化功能分工原则对企业内部及企业之间的分工协作关系进行重新构建,其目的是建立模块之间具有标准化界面的联系规则,集群内每一个模块发挥的作用及其与其他模块之间的关系都被普遍的界面规则所定义。企业内部及企业之间错综复杂的分工协作关系被标准化界面规则所主导的模块链替代了,由此实现了模块链对价值链的替代,可见模块链是一种更复杂、更先进的经济系统。传统产业集群的价值链强调线性的上下游关系和科层制的治理结构,相比较而言,模块化产业集群的模块链注重迂回的平行网络关系和扁平化的系统结构。

模块化产业集群中的模块链既存在于企业内部,也存在于企业之间。企业内部的模块链是指承载企业核心能力的模块与多个功能各异的外围模块共同构成的链状网络关系;企业之间的模块链是指不同企业所承担的模块按照系统功能目标和界面规则联结而成的链状网络关系。显而易见,模块化产业集群中模块链的结点不是企业,而是模块。无论是企业内模块链还是企业间模块链,模块之间的链状网络关系不仅包含了功能性的实体联结,而且包含了对协同效应发挥和系统功能实现至关重要的知识共享、相互信任、风险共担、利益均沾、合作共赢等心理契约和社会资本。

由于模块之间链状网络关系的存在,模块化产业集群的演化不同于传统产业集群的演化。在模块化产业集群演化过程中,分工和交易效率发挥了重要的决定作用。如图 5-3 所示,假设分工模式可以区分为自给自足、企业内分工及企业间分工,交易费用决定交易效率,产品市场上存在中间产品交易效率和最终产品交易效率,劳动市场上存在劳动交易效率。在纯粹的自然经济体系中,满足需求的方式是自给自足,不存在分工、市场和企业。随着最终产品交换的产生,市场开始形成,分工开始出现并不断深化,中间产品的生产规模不断扩大,同时,最终产品的生产规模相对缩小。中间产品的生产和交易扩大了产品市场的规模,产品市场规模的扩大反过来降低了交易费用,提高了产品市场的交易效率,使中间产品交易效率和最终产品交易效率在一定程度上高于劳动交易效率,由此催生和强化了以企业为微观组织的生产方式,此时产品供给的重要特征之一就是企业间分工和垂直专业化。企业数量的增加不仅反映了分工程度的提高,而且表明了从事同一工序的企业的数量也在增加,技术进步促进了技术标准化和技术模块化,继而形成了产品模块化。市场上不仅存在生产不同模块的供应商之间的纵向联系,即产品价值链上的互补与协作关系;而且存在生产相同模块的供应商之间的横向联系,即"背靠背"的竞争与合作关系。

随着产品模块化的发展,为最终产品提供组件的相当一部分零部件供应商逐渐产生了规模效应,多种不同的零部件分别成长壮大为独立的产业,例如汽车的轮胎、电子控制系统、刹车系统等,这样相当于每一个零部件产业都是汽车产业的一个模块,由此产品模块化演进为产业模块化。与此同时,在微观层面,原有的模块供应商(零部件供应商)逐渐发生分化。其中一部分通过横

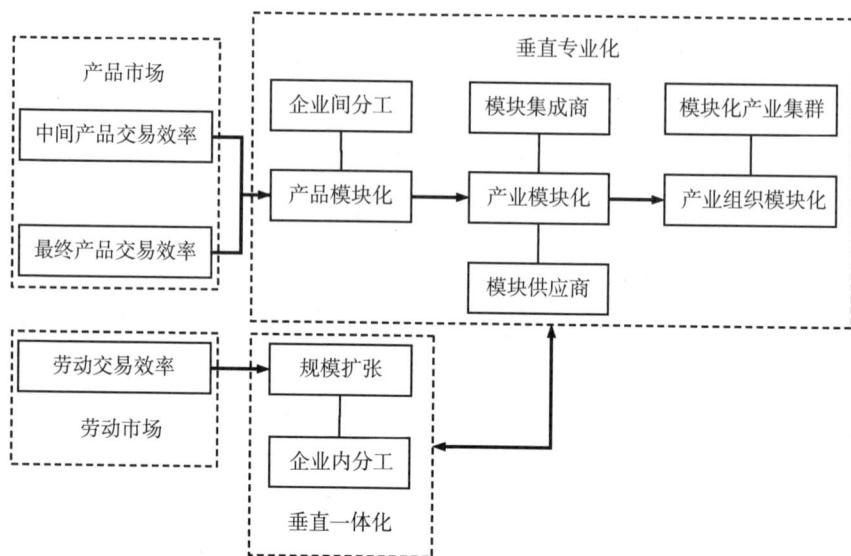

图 5-3　模块化产业集群内生演化机理

资料来源:易秋平、刘友金、向国成:《基于超边际分析的产品模块化及其集群内生演进机理研究》,《湖
南科技大学学报(社会科学版)》2016 年第 1 期,第 109—115 页。

向一体化和技术纵深化成长为实力雄厚的独立模块供应商,专长于某一种或
有限几种模块的设计与生产。具体来讲,独立模块供应商进一步分化为关键
模块供应商、特征模块供应商和一般模块供应商,显然,这三类模块供应商对
于最终产品的重要程度是不一样的。另一部分原有模块供应商通过转型升级
成长为制定和掌控产品系统设计规则的模块集成商,同时不再从事特定模块
的设计与生产,而是专注于整个产品系统的设计与优化,其经营目标在于协调
不同模块之间的关系,以便于持续提升系统性能。

产业模块化向产业组织模块化演进的过程不但包含了原有支柱产业的生
产要素整合,而且吸纳了众多上下游产业和相关产业的生产要素。以汽车产
业为例,传统意义上的生产要素主要以汽车制造的相关技术为纽带,而产品模
块化的发展则将原有的线性产业链拓展为网状产业链,表现在不仅将产业链
延伸至上游的概念设计、基础研究、产品结构变革等,以及下游的逆向物流、供

应链金融、保险、网络营销等,而且与其他产业发生交叉或融合,例如信息技术、电子工程、体育竞技、时尚创意等。因此,产品组织模块化是模块化产业集群的重要特征,模块化产业集群的形成本质上仍然是企业间分工和垂直专业化演进的结果。

需要注意的是,在模块化产业集群演化过程中,中间产品交易效率和最终产品交易效率不一定总是高于劳动交易效率。如果出现了劳动交易效率高于产品交易效率的情形,这表明劳动的交易费用低于产品的交易费用,那么企业就愿意通过雇佣更多的劳动力来扩张生产规模和组织边界,从而将较高的产品交易费用内部化,采用企业内分工的方式来构建垂直一体化的生产组织模式,由此形成了企业内部价值链。

随着组织边界的不断扩张,垂直一体化经营的规模经济和范围经济不断得到强化,随之而来的是持续上升的组织内部协调成本,而内部协调成本与劳动交易费用是密切相关的。由于内部协调成本实际上是一种内部交易费用,只不过是内部化的市场交易费用。虽然内部协调成本上升的根本原因在于规模经济和范围经济的扩大,但是其直接原因在于组织规模扩大带来的部门之间、人员之间的协调困难甚至组织冲突,因此内部协调成本的上升直接导致了劳动交易费用的上升,从而降低了劳动交易效率。在这种情况下,劳动交易效率有可能低于产品交易效率,企业更愿意利用市场分工来替代内部分工以降低交易费用,这样就出现了垂直一体化向垂直专业化的过渡。

总之,模块化产业集群形成过程中的两种分工方式是动态转化的,从新制度经济学视角来看,产品交易效率(包括中间产品和最终产品)与劳动交易效率的对比关系是决定分工方式、专业化程度和集群演化方向的重要因素,同时也说明了模块化产业集群的演化具有一定的内生性。这一论断从微观层面也可以得到印证,从企业发展史来看,早期的企业大多采用垂直一体化的生产组织模式。例如,1927 年福特公司的红河工厂雇用了大约 10 万名员工,拥有当时世界上规模最大、部门最多的汽车制造企业。随着经营环境的变化和组织能力的进化,许多企业发生了垂直解体,业务范围不再涵盖整个产业链,而是聚焦于产业链当中一个或有限几个环节的经营,在获取专业化收益的同时可以降低全产业链风险。更进一步地,在模块化背景下,广泛存在的业务外包正是模块化生产网络和模块化产业集群的主要特征,模块集成商成为发包企业,模块供应商可以既是接包企业又是发包企业,也可以只是接包企业,企业间分工和专业化生产成为常态化的产业组织形式。

最后应该指出的是,在模块化产业集群的演化进程中,垂直专业化生产组织模式下的企业边界是动态的、模糊的,企业边界和业务范围会根据环境变化在整合与外包之间不断调整,以便达到一体化与专业化之间的动态均衡,从而实现企业能力的持续进化,最终完成模块化产业集群的演化。

第六章　模块化创新推动中国制造业升级的宏观机制

在模块化分工背景下,宏观层面的创新机制是实行开放创新和逆向创新,把开放创新和逆向创新作为国家发展战略来加以推进。

第一节　开放创新增大了模块化创新的广度和深度

一、开放创新的特征

切斯布鲁夫认为,随着企业的发展和社会的进步,单单依靠企业自身的资源和能力难以维持企业的长足发展。同时,组织的边界并非完全的壁垒,具有一定的可渗透性,可以与外部进行资源的交换、吸收与整合,提升组织自身的创新能力与竞争优势。此后,很多学者从知识、资源、利益相关者等视角对开放创新进行了更为深入的探讨。开放创新被普遍认为是一种相对于封闭创新的创新模式,它的开展突破了组织边界,由不同的创新主体参与,为了实现创新目标进行更大范围的知识、信息、技术、人力、金融等资源的优化配置,最终实现创新成果的共享。

开放创新是模块化的内在机制,开放性进一步提高了模块化创新的广度和深度。从广度来说,模块化系统能够最大限度地利用外部资源用于模块的独立创新和协同创新,借助模块化分工网络充分吸收开展创新活动所需的隐性知识;从深度来说,模块化系统无法确保内部知识的先进性,开展创新活动不仅需要隐性知识数量的积累,而且还需要对创新所需的知识进行纵深发掘和精深加工,因而有必要在提高系统开放度的前提下从模块化系统外部采掘和萃取高质量的隐性知识。因此,对模块化系统来说,开放创新实质上具有双重含义,即外部开放性与内部开放性。

第一,模块化分工方式的优势在于充分利用了模块的选择权价值,产品系统可以按照自身需求从市场上自由选择所需要的技术以及承载技术的模块,并且可以在同一种模块的供应商中进行选择。模块之间通过锦标赛式的竞争机制获得被选择的可能,模块化系统的开放性决定了市场上的模块随时可能被选中并纳入系统,经模块操作和调试后成为系统组件。显而易见,这种基于模块的选择权价值的创新方式具有外部开放性,体现了模块化系统对外部知识资源的吸收和利用。

第二,根据鲍德温和克拉克(2006)的观点,模块化系统内部存在六种模块操作,分别为模块分割、模块替代、模块排除、模块扩展、模块归纳、模块移植。系统内部创新不仅包括模块的内部创新,即隐模块操作,还包括在系统层面对模块的操作,甚至将隐模块在多个系统之间进行转移。一般来说,一个隐模块操作对于系统和其他模块而言是不可见的,而系统层面的模块操作通常称为"显模块操作",即模块操作对于系统和其他模块而言是可见的,但是由于模块移植采取了"双向隐藏"程序,因此,移植对于系统和其他模块而言是不可见的,是一种特殊的、复杂的显模块操作。可见,显模块操作体现了模块化系统内部的一部分创新,同时也体现了模块应对环境变化的适应机制。当环境发生变化时,市场对系统功能提出新的要求,模块化系统可以通过显模块操作来完成创新,形成新的模块功能和系统功能,满足市场需求。总之,显模块操作是以模块操作一定的创新自由度为前提的,无论是显模块操作还是隐模块操作,都建立在模块化系统的内部开放性基础之上,由此形成系统内部的创新循环。

　　开放创新对应着以模块化分工为特征的产业组织形式。如图6-1所示,市场上存在大量有待研究的项目,企业选择一部分具有技术前景和市场前景的项目进行产品开发,然后进行试制和批量生产,最后投放市场。当一个产品的生命周期结束后,如果需要进行产品升级换代,企业将开展新一轮的项目选择和研究,由此形成循环往复的开放创新过程,这一过程说明了模块化分工背景下的产品创新是以充分吸收和利用组织外部的无边界知识为特征的。

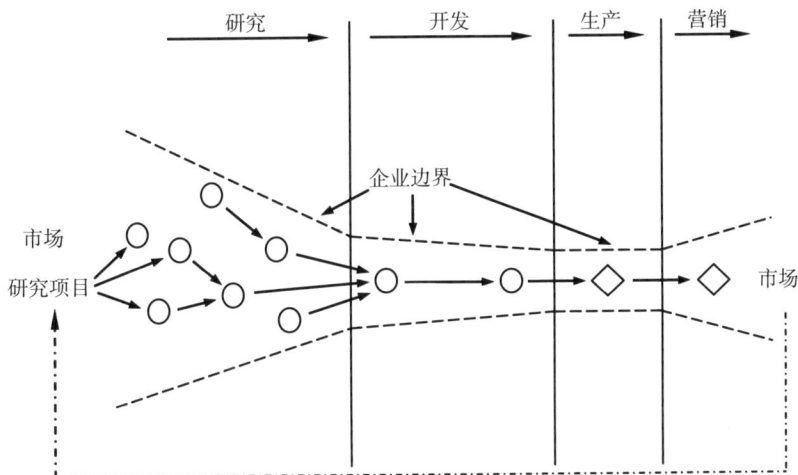

图6-1　开放创新的特征

注:图中的企业边界并不指代一个企业的边界,而是指代多个企业边界构成的虚拟边界,表明开放创新与垂直非一体化产业组织方式相对应。

　　如果将创新的视野进一步扩大,那么创新主体将涉及与企业相关联的各种组织,包括用户、研究机构、大学、中介服务、政府、竞争对手、供应商等。在图6-2中,虽然企业是最主要的创新主体,企业的研发、生产、营销部门构成了创新所依赖的组织内部价值链,但是在开放创新战略下,企业愈加重视组织外部知识的获取,不同的创新主体与企业形成创新网络,企业与不同的创新主体广泛、深入开展基于知识交流、知识吸收的协同创新,逐步形成创新共同体,最大限度地发挥开放创新体系的优势。

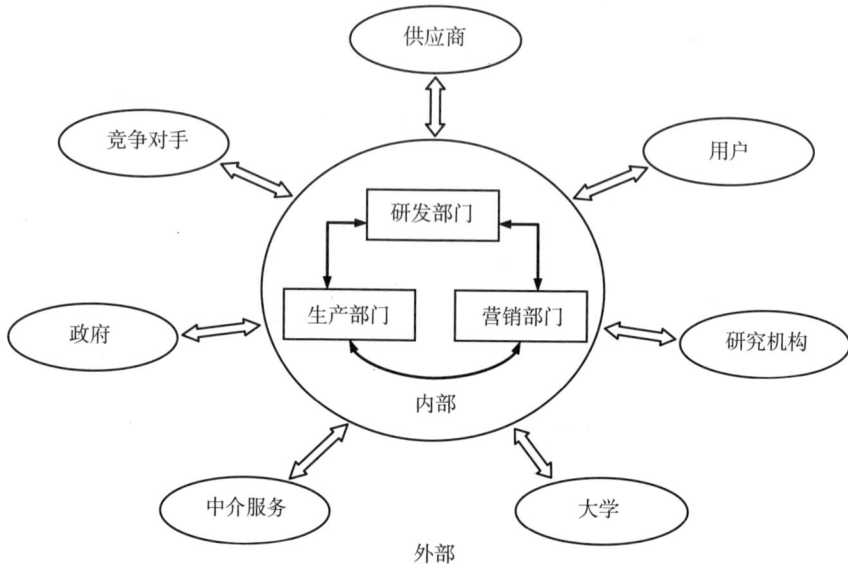

图 6-2　企业开放创新体系

资料来源:陈钰芬、陈劲:《开放式创新:机理与模式》,科学出版社 2008 年版,第 59 页。

二、中国的后开放创新战略

中国作为后进的发展中国家,在过去"以市场换技术"的模仿创新进程中,通过扩大对外开放和增强国际间的合作交流等方式,产生了众多创新成果。在基础科学和高技术领域都取得了重大突破,专利申请量和学术论文国际影响力等科技成果显著提高,科技创新在中国经济发展中起到了举足轻重的作用,已经成为国家创新体系的重要组成部分,也是中国实现产业升级的基本保障。但这种局面也给中国的经济发展带来了一定的挑战。大多数中国企业在融入全球经济一体化的进程中主要参与的是代工生产环节,在全球价值链中处于"低端锁定"的地位。代工企业普遍缺乏关键技术和高精尖技术,对发达国家企业依赖性较强,长期受制于人,普遍缺乏创新意识,擅长或更倾向于模仿创新。究其根本是因为技术创新是一个长期的、系统的工程,离不开大量的资源投入,且风险较高,收益具有不确定性,加之市场变化迅速,企业自身资源有限,这些因素都对创新的发展形成了阻力。

开放创新的先进性使多个创新主体参与其中,实现了资源共享,智慧积累,创新的成本与风险被分摊,创新周期缩短,创新成果商业化的进程加快,产品更新换代迅速,更大程度上便利了大众生活,同时强化了企业的创新意识与竞争优势,为中国增强科技硬实力,摆脱发达国家对中国的技术封锁,实现产业升级,提高综合国力和国际话语权提供了一条可行路径。同时,为了应对日益变化的国际形势和国民日益上涨的对高新技术的需求,以开放的视野促进多个创新主体的合作交流与协同创新,将开放创新作为一种国家创新战略展开布局,积极融入国家创新体系建设迫在眉睫。

开放创新体系建设是一项复杂任务,不仅需要企业发力,还需要各个利益相关者的通力配合,其中,政府作为国家发展战略和宏观经济政策的制定者,将发挥举足轻重的作用。为了保障开放创新的顺利开展,政府应该从以下几个方面进行职能和政策调整。

第一,调整政府职能,充分发挥市场机制的作用,实现资源的自由流动,以最优的资源配置投入创新活动。积极搭建相应的服务平台,以促进创新主体在创新方面加强合作交流。例如,构建创新主体选择服务平台,通过该平台,各个创新主体可以科学合理地选择创新合作伙伴,实现更大程度上的优势互补。由于该平台的存在,不同的创新业务的开展可以由不同的创新主体构成,使创新更具动态性与灵活性,降低了创新的成本与风险。政府还可以构建相应的资源开放系统,便利创新主体的资源获取与资源销售。这样一种开放性的资源系统,最基本的功能就是在市场的配置下进行资源交换。通过这个系统,大量的资源信息可以使各个创新主体在获取资源时避免资源的错配,减少搜寻资源的时间成本,为其节省大量的资源投入,将更多的资源投入更有效的创新环节,为创新主体提供便利。同时,一些企业也可以通过该平台售卖对自身没有价值的闲置资源,取得一定的收益,提高资源的使用价值,实现资源的优化配置。

第二,关注开放创新的顶层设计,完善开放创新体系,建立相应的法律法规与制度体系,规范开放创新的进程。开放创新的开展涉及不同的创新主体,各个创新主体之间可能存在目标不一致甚至利益冲突的情况,为了保障各个创新主体的利益不受侵犯,合作交流的过程顺利开展,必须完善相应的法律法规与制度体系,规范开放创新的进程,以保证这种合作交流的开放式创新具有一定的稳定性。同时,在开放创新的模式下,更多的资源对外公开,若该资源未被合法的利用,将极大侵害原创新主体的利益,挫伤其资源开放的积极性。通过完善国家的知识产权管理体系,可以从法律上对其创新成果进行有效的保障,为开放创新提供可能。

第三,针对开放创新的开展提供更多的财政支持,同时建立相应的退出保障政策,提高创新风险的应对能力。开放创新的实行离不开雄厚的资金支持,若没有源源不断的资金注入,大量的创新将停留在探索阶段。这种资金匮乏的现象在中小企业更为甚之,"融资难"将成为企业开展创新活动的重要阻力。若国家层面能为企业营造科学合理的融资环境,支持开放创新各个阶段的资金需要,将在很大程度上提高创新的积极性。针对高新技术企业,国家也可以加大税收优惠力度,同时规范高新技术企业的认定标准,鼓励企业积极开展创新活动。同时,由于开放创新的复杂性,其创新失败的可能性也很大,国家应主导完善相应的失败退出保障政策,提高对失败的宽容程度,保障企业的基本物质利益。

第四,充分认识到人才对于开放创新的重要性,不断改进教育体制,完善相应的人才保障机制,为开放创新注入源源不断的活力。人才是创新的主力军,在开放创新的各个环节,都与人的能力息息相关。按照来源可以将人才简单地划分为两类:一类来源于国内,这类人才需要国家充分重视人才的培养,建立更科学的教育制度,提高青年科技工作者的创新能力,实施"人才强国"战略;另一类来源于国外,当前应该以更开放的视野融入国际合作交流,积极出台优惠政策吸引国外优秀人才来华开展创新创业活动。在"引智"的过程中要注意,宏观政策环境、社会保障制度都将影响人才的去留,因此需要完善人才引进的后续配套政策,才能留住人才,从而保持一定的国家创新活力。

第五,积极搭建产学研协作平台,鼓励引导开放创新,促进创新成果的转化,解决科研与创新相对分离的问题。高校作为高级人才的培养基地,其蕴藏着不容小觑的科研实力,但研究层次往往不够深入,与实践脱节。可以通过政策引领的形式,积极推动产学研的协作,使科研方向更具有市场嗅觉,提高科研成果商业化的比率。同时完善高校的考核机制,将产学研协作的创新成果作为一种考核指标,激活高校的开放创新动力。

第六,充分调动国家整体的创新积极性,塑造开放的社会文化,营造良好的创新氛围。通过多种渠道宣传开放创新的重要性以及必要性,积极构建科教知识普及的平台,提升国民的知识水平与创新能力,增强国民的创新意识,在创业创新活动的开展方面予以充分重视,以提高全民的创新参与度,营造良好的创新氛围。以海纳百川的胸襟不断包容不同的文化,提高多维度的开放性,在文化的碰撞中提高创新实力。同时通过引进国外具有竞争优势的企业与国内企业充分开展竞争与合作,以此促使企业积极融入开放创新的环境,调动创新积极性。

开放创新具有两面性,在开放创新体系构建的过程中需要注意防止创新主体的"搭便车"行为和投机主义,避免形成路径依赖,从而削弱创新主体的自主创新意识,必须不断地进行相应政策和制度的动态调整,保障各个创新主体的经济利益不受非法侵害,最大化、持久化开放创新的积极影响。同时,开放创新并不意味着抛弃自主创新和以往的封闭式创新模式,应依据国家发展的实际情况与发展目标,积极推动多种创新模式的有机结合,实现创新效益的最大化,加快推进产业升级,进一步提升国家竞争优势。

第二节　逆向创新为后发国家提供了
产业成长的机遇

传统意义上的创新大多是首先在发达国家产生的,这是由于发达国家的科学技术和市场需求均处于世界前列,会更容易催生出具有更高需求和创新的产品或服务的解决方案,这类创新往往需要投入大量的资源,包括人力、物力和财力。随着世界性经济危机的爆发,发达国家需要降低其新产品或服务开发的成本,后发国家较低的劳动力价格及消费水平促使发达国家将视线转移到后发国家或市场。后发国家由于经济和技术较为落后,消费者愿意用更低的价格来换取功能有所欠缺的产品,这一问题看似已被解决——将在发达国家取得成功的产品减掉大部分功能的同时以更低的价格销售到后发国家或市场,但随着后发国家的发展,仅仅是这样简单的降级或简化产品的解决方案已不足以满足后发国家市场的需求,后发国家的消费者需要的是真正性价比高的产品或服务,即价格低廉且功能必须满足其需求的产品或服务。

一、逆向创新的含义

逆向创新是指首先在后发国家或市场完成的创新,随后"回溯"向发达国家或市场。逆向创新的思维有助于解决后发国家消费者对于高性价比产品和服务的诉求。首先,逆向创新的本质即为更好地关注被发达国家忽略的后发市场上消费者的痛点与诉求,设计开发出更符合后发市场需求的产品或解决方案。其次,由于后发市场在基础设施上的不完善以及环境污染等问题严重,反而更需要一些新的解决方案。例如,印度乡村的电信网络很不完善,但是诺基亚为其建立了先进的无线网络,获得了很高的市场份额;中国的环境污染严重,催生了电动汽车的开发。再次,后发市场的监管较发达国家有所欠缺,对于技术创新以及新产品开发的审查不严格,在技术的应用及探索方面有较高的灵活性,这反而为创新创造了有利条件。最后,后发国家也希望能够占领发达国家的主流市场,引领世界主流的技术及产品的创新,实现更大的发展。因而,发达国家想要保住其在全球市场上的领先地位,需要实现更大、更快的发展,后发国家或市场需求的发展、基础设施的不完善、环境的污染、监管制度的宽松均为创新提供了成长的基地,逆向创新作为一种全新的创新模式应运而生。

现有的逆向创新的成功案例有很多,例如通用电气针对中国消费者设计的便携式成像仪,在美国、欧洲市场也取得了巨大成功;美国电子机器公司设计的iMecho为中国用户凌乱的硬盘占用提供了快速搜索的解决方案,而这一创意在美国也很有前景;比亚迪设计的电动汽车,旨在解决本国的环境污染问题,在欧洲获得了认可;海尔的"小小冰箱"不仅在国内销量成绩傲人,更是在欧洲、日本、美国等发达市场占据了一定的市场份额;深圳迈瑞研发出的 M7 彩超,成功解决了笔记本彩超在散热方面的世界性难题,同时在德国获得了专利认证。

二、逆向创新的条件

逆向创新的主体既可以是发达国家的跨国企业,也可以是后发国家的企业。对于发达国家的跨国企业来说,其拥有十分丰富的创新资源,例如先进的技术、充足的资金、具备相应技能的高端人才等,这一类企业主导逆向创新具有十分有利的先发优势。对于后发国家来说,开展逆向创新能够发挥其独特优势。后发国家具备具有本土比较优势的创新资源。首先,在人力成本方面,后发国家和市场能够用较低的成本聘请到参与创新的人员;其次,在所需制造资源的获取方面,本土市场拥有较为齐备的、更适合研发项目的产业配套设施,且其成本较发达国家低廉;再次,后发国家和市场更了解本土的需求,且更容易获取更接近消费者需求的信息;最后,发达国家的研发人员可能会有创新的思维惯式,容易被原先的思维限制,从而影响创新,而后发国家和市场的研发人员没有这一思维范式,更容易产生颠覆式创新和突破式创新。

逆向创新可能发生在被发达国家忽视的细分市场上,可称其为"利基市场",因为这一类市场容量较小,消费者数量和支付能力有限,所需技术比较简单,难以获取高额利润,因此相当一部分发达国家企业对利基市场的需求关注不足,这就为逆向创新打开了缺口,也为后发国家企业留下了市场机会。一般而言,利基市场包括流程利基和产品利基。流程利基主要发生在当国家或市场技术能力不足时,通过流程利基降低企业的成本,对现有产品进行微小的改进,从而取得初步的创新成功,当国家或市场对技术有了一定的掌握和创新能力时,产品利基就发挥了作用,此时可以关注发达国家或市场未关注的产品,研发出更适合后发国家或市场以及主流市场未被关注到的需求的产品。

三、中国的逆向创新战略

发达国家仅需改变创新观念,意识到逆向创新的重要性,在后发国家建立当地创新团队,给予充分的支持,切实了解后发国家消费者的需求,就有可能做到逆向创新。而对于后发国家或市场来说,逆向创新的流程总体上分为三个阶段,见图6-3。

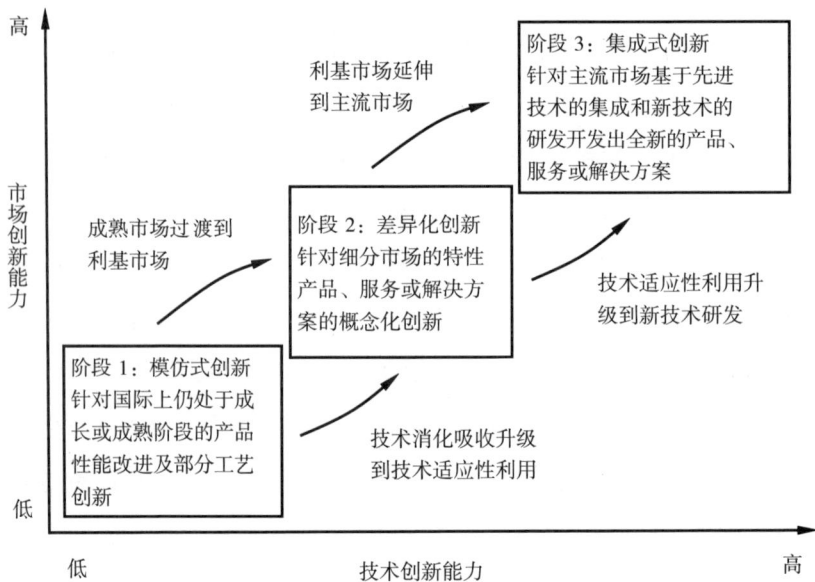

图6-3 后发企业或市场逆向创新流程

资料来源:徐娜娜、彭正银:《本土产品开发能力、创新网络与后发企业逆向创新的案例研究》,《研究与发展管理》2017年第5期,第99—112页。

首先,后发国家应先引进国外的现金产品或技术,在此基础上进行模仿式的创新,利用较低的成本,通过技术创新对现有国际上已经成熟或正在成长的产品进行性能上的改进或工艺方面的创新,借此机会将学习到的技术及其他知识进行消化吸收,彻底为我所用。在这一阶段,需要后发国家或市场有较强的学习能力、识别本土需求特色的能力,以及从国际市场上获得创新资源的能力。

其次,在技术或知识消化吸收的基础上,应将视线转向发达国家或市场忽略的利基市场,在关注本地消费者的需求上,注重产品概念化的创新,对金属进行适应性的利用,开发出差异化的产品、服务或解决方案。在这一阶段,需要后发国家或市场具有较强的优化技术的能力以及主动从国际市场获取资源的能力。

最后,后发国家或市场应主动出击,进入国内外的主流市场,利用其所拥有的先进技术进行集成式技术创新,或进行全新的技术研发,开发全新的产品或服务,完成逆向创新。在这一阶段,后发国家或市场需要有全方位的连接国际的能力、面向当地市场的技术地方化能力以及前沿性的组织学习能力。后发国家或市场逆向创新三个阶段的侧重点不同,且所需要的能力不同,各个阶段配合好相应的能力,才能够完成逆向创新。但在各个阶段的不同能力发挥作用的同时,后发国家或市场逆向创新的完成也需要非技术的系统作用——管理层面的支持,例如管理者对逆向创新重要性的认识,整个组织对逆向创新人力及财力的支持等。

后发国家或市场应从战略上重视逆向创新,向国家内部的企业普及产业知识,出台相应的政策来支持逆向创新的完成,同时积极鼓励企业将逆向创新引入发达国家或地区。

中国已经有很多通过逆向创新取得成功的案例,例如海尔的"小小冰箱"、比亚迪的电动汽车、深圳迈瑞的 M7 彩超等。可见,中国实施逆向创新战略以及中国企业开展逆向创新活动具有得天独厚的后发优势,然而目前逆向创新成果仅在少数先进企业产生,大多数企业仍然没有逆向创新的意识,对于逆向创新并不了解,甚至一无所知。需要强调的是,中国现阶段实施逆向创新战略需要政府提供一定的政策支持。

第一，企业开展逆向创新活动大多是出于其自身发展的需要，政府应当在此基础上提出战略性的逆向创新导向，对逆向创新作出相关的倡议，以使更多的企业了解这一发展方式，为企业的创新发展作出引导，鼓励企业在产品和服务研发活动中另辟蹊径，充分利用逆向创新的国际环境和多元化条件，切实进行东道国市场需求调查和跨文化研究。

第二，应该鼓励企业充分发挥其优势，积极开展逆向创新活动，构建和强化对外交流平台，促进国内企业创新成果的对外转化、移植和扩散，带动相关产业的发展。中国企业逆向创新的成功案例大多诞生于制造业，确切地说是在劳动密集型产业向资本和技术密集型产业转型升级的过程中产生了一批逆向创新的成功案例，包括家电、新能源汽车、通信、光伏、消费类电子等产业。显而易见，这些产业中的大部分采用了模块化分工的生产组织方式，当国内的模块供应商成长为模块集成商之后，在国内形成创新成果并非难事，并且这一类模块集成商通常已经充分了解相关产业的产品内国际分工格局以及国际市场需求状况，这是由模块化生产网络治理结构决定的。因而应该从国家层面为相关产业的模块集成商提供更多的对外交往机会，营造更广阔的创新空间，使国内先进企业能够与发达国家企业和政府进行沟通与合作。

第三，应该出台一定的约束性政策来规范企业的逆向创新行为，防止企业的野蛮生长，引导相关产业向着良性的态势发展。国内一些模块集成商虽然具备了进军发达国家市场的资源和能力，同时也在国内产生了创新成果，但是并不意味着一定能够在发达国家市场站稳脚跟，并且能够以群体姿态形成相关产业的国际竞争力。因此政府应当运用财政、金融、法律、贸易等政策工具，对企业的海外创新活动进行适当的引导和约束，在一定程度上增强逆向创新行为的目的性和有效性。

总而言之，通过实施逆向创新战略，中国有望将后发优势转化为创新优势，提高国家在国际市场上的综合竞争力，进而提高国家在国际市场上的话语权，反过来为国内企业的发展提供良好的国际竞争条件。

第七章　模块化创新推动中国
制造业升级的路径

第一节　模块化视角下中国制造业升级陷阱

从模块化视角来看,当前中国制造业面临的升级陷阱可以从两个方面进行分析。其一是从产品建构角度将产品分为模块化技术架构和集成化技术架构,同时建立产品建构与价值网络组织形式之间的对应关系,探讨企业选择不同类型的产品建构的结果。其二是从模块化生产网络深化的角度探讨系统集成商为了强化在产品系统中的技术和市场主导地位而采取的再集成行为,以及由此给相应的模块生产商带来的复合效应。

一、产品建构陷阱

工业设计领域中模块化原理的出现远早于社会科学领域中模块化理论的诞生。鲍德温和克拉克于 1997 年在"模块时代的管理"一文中将模块和模块化的概念引入管理学领域,然而彼时工业产品设计领域的模块化原理已经存在了数十年,因为模块化早已成为解决复杂系统设计问题的一种行之有效的科学理念和方法。在经济学和管理学领域中,模块化理论的提出与产品建构理论的发展存在密切联系。产品建构理论是产品设计原理的一种深化和延伸,产品建构理论不仅对实现产品设计所需要的知识基础和技术要素进行了分析,而且引发了一个关于特定技术架构背景下产业组织方式的问题,就是如何在产品设计过渡到产品生产的过程中将生产组织形式与产品技术架构特征进行适当匹配。

产品建构是对产品系统各个组件的物理分布和功能安排作出一种技术规定,相当于描述了产品系统不同组件之间的关联方式和系统层面的组件界面规则。由此可见,产品建构的概念与模块化的概念存在一定的相通之处,同时也存在明显的区别。模块化强调产品系统的组件可以在遵守系统规则的前提下自由地分解和组合,同时不影响系统功能的正常发挥,保持系统功能基本不变。产品建构则注重产品的技术架构以及由技术架构决定的组件之间的界面协议。在产品建构理论中,除了考虑产品技术架构的特征,还要关注与产品技术架构某种特征相对应的产业组织形式,正如镜像假设所暗含的观点,技术模块化、产品模块化与组织模块化存在一定的映射关系,但这种映射关系的性质是不确定的,需要结合特定的环境作出判断。尽管镜像假设中的组织模块化指的是微观层面的组织模块化,但这并不影响对产品技术架构与生产组织形式的对应关系的分析。

如果要对产品建构进行详细分类,不仅要考虑产品技术架构,而且要顾及承担价值创造的产品价值网络组织形式,这样可以按照产品技术架构和产品价值网络组织形式两个维度对产品建构进行类型划分(周勤、周绍东,2009)。如图 7-1 所示,在区分产品建构两个维度的基础上对产品建构进行进一步的分类,按照产品技术架构维度可以将产品建构分为模块化技术和集成化技术,按照价值网络组织形式维度可以将产品建构分为封闭型组织和开放型组织。由此将产品建构划分为四种相对独立的类型,即封闭集成型建构、封闭模块型建构、开放模块型建构和开放集成型建构。

产品建构分类之所以称为四种相对独立的类型,是因为这种二维分类并非一种绝对标准,在现实中,产品技术架构的两种类型和产品价值网络组织形

式的两种类型都是相对的,模块化技术和集成化技术是产品技术架构的两极,
开放型组织和封闭型组织是产品价值网络组织形式的两极。就技术架构而
言,相比计算机,汽车、机电产品具有集成化技术架构,然而相比其他产品,汽
车的技术架构更倾向于模块化。因此,产品技术架构和产品价值网络组织形
式的分类都不是绝对的。

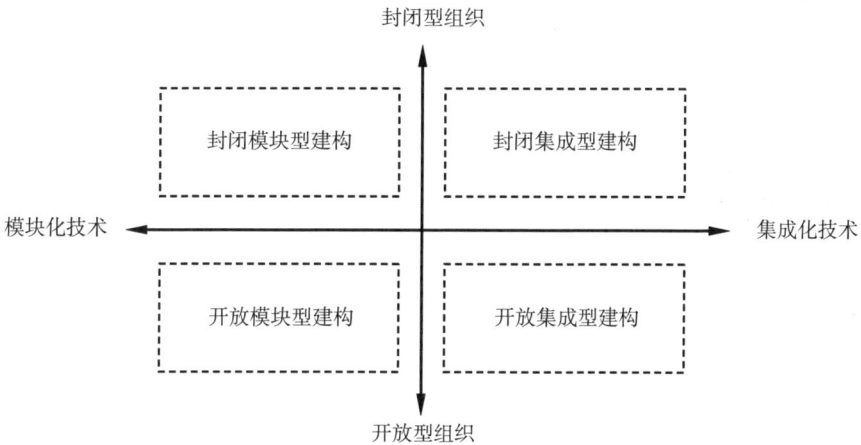

图 7-1 产品建构的类型

资料来源:周勤、周绍东:《产品内分工与产品建构陷阱:中国本土企业的困境与对策》,《中国工业经
济》2009 年第 8 期,第 58—67 页。

在理想状态下,中国代工企业广泛而深入地参与模块化国际分工,尽管绝
大部分模块化价值网络被发达国家企业所主导和控制,但是中国代工企业仍
然能够通过积极参与模块化分工而获得与国际先进企业接触的机会,甚至与
先进企业开展战略合作,在技术转让、设备引进、品牌许可、管理培训等可能具
有知识交流、知识传递、知识转移等内在特征的过程中获取来自先进企业的垂
直知识溢出,继而通过企业自身的学习、消化、吸收、转化,不断增加知识积累
和隐性知识沉淀,利用模块化设计和生产的效率优势,逐步降低隐性知识的学
习成本,稳步提高隐性知识的利用效率。在此基础上切实提高创新转化率,加
快产品升级换代,实现企业所处价值链环节的攀升。

然而这种看似简单的企业升级或产业升级并非易事。这一进程的关键问题在于，首先，代工企业所处的模块化分工网络是否能够产生知识溢出；其次，代工企业是否具有一系列增加知识积累、充分利用知识的能力，包括学习、消化、吸收、转化能力，尤其是能否利用隐性知识沉淀和积累提高"知识—创新—产品"的转化率。显然，第一个问题可以通过经验研究得出一定的结论，而对于第二个问题，实质上就是要求企业形成和具备一定的技术创新能力，无论是前期的模仿创新能力还是后期的自主创新能力。但是就目前来看，这种技术能力的成长不可能排除模块化分工网络的影响。

模块化分工网络的本质在于产品技术架构与产品价值网络组织形式的匹配。产品技术架构决定了产品价值链的分割方式，不同的企业在不同的地点完成产品价值链不同环节的活动，生产活动的分散化与收益分配的集中化同时存在。模块企业按照各自的比较优势承接生产任务，同时按照所创造的价值占产品总价值的比例参与收益分配，而价值比例又取决于所承担的模块在系统中的重要性。从产品技术架构维度来看，在模块化技术架构下，代工企业如果凭借低成本的比较优势参与模块化分工，那么必然承担低技术含量的外围模块生产，这样就很容易被价值链低附加值环节锁定；在集成化技术架构下，代工企业如果采取垂直一体化的价值网络组织形式，那么就很有可能由于缺乏必要的系统创新能力和资源整合能力而面临全产业链的协调风险，因为代工企业通常只在产业链个别环节具有竞争优势，在短期内难以将技术或生产优势扩展到整个产业链，从而也就无法实现集成化技术架构所要求的对于产品价值链各个环节的控制以及不同环节之间的协调。

从图7-1来看，中国代工企业面临两种产品建构陷阱。第一种产品建构陷阱是位于第三象限的开放模块型建构。在这种产品建构下，由于产品设计源于模块化思想，在设计上实现了技术模块化，产品由不同层次、不同类型、不同功能的模块依照既定的系统设计规则组合而成。按照镜像假设，技术模块化映射着组织模块化，技术模块化即模块化技术架构，发达国家企业作为产品价值链的"链主",不但主导和控制着产品价值链各个环节的价值形成,而且掌握着价值链的最终收益分配权。链主企业将产品系统各个模块的设计和生产业务分包给分散在各地的各类模块供应商,包括核心模块供应商、专用模块供应商和外围模块供应商,不同类型的模块供应商凭借自身比较优势承接模块设计和生产业务,并且按照所承接模块的价值占产品整体价值的比例取得对应的收益,显然,模块价值占产品总价值的比例反映了模块企业对产品价值链的贡献度。

在模块化技术架构背景下,作为系统集成商的发达国家链主企业采用了生产分散化与收益集中化统一的开放型价值网络组织形式,对链主企业来说,不仅有利于在全球范围内优化资源配置,充分利用本地资源优势,而且有利于强化对价值链的控制,巩固价值链最终收益分配权。现阶段,中国代工企业大多承担着外围模块业务,少数承担着专用模块业务,极少有企业承担核心模块业务,这表明大量中国代工企业作为外围模块供应商,长期被发达国家系统集成商俘获并锁定在产品价值链中低附加值环节,其比较优势以成本优势为主,生产活动所投入的资源以一般技能劳动力和简单原材料等初级、中级生产要素为主,一时难以建立向价值链高附加值环节攀升所需的技术和资本优势,其结果是只能获得与成本优势相对应的微薄利润。

第二种产品建构陷阱是位于第一象限的封闭集成型建构。产品的集成化技术架构是指产品系统的技术集成化程度很高而模块化程度很低,表明系统各个组件之间存在错综复杂的复数关系,组件的个体知识与组件间结合方式的知识纵横交错,系统内存在较高的隐性知识学习成本,难以区分系统层面明确的设计规则和组件层面隐藏的设计规则。如果按照镜像假设,企业选择与集成化技术架构相对应的封闭型价值网络组织形式,即科层制治理模式,企业内部构建独立的面向系统整体的垂直一体化组织,力图通过自主研发进行产品系统方案的设计。

然而,企业实际上可能并不具备系统创新能力,更大的可能是在产品价值链个别环节具有一定的技术优势,即使企业作出了面向系统创新的战略决定,也不意味着能够在产品的集成化技术架构下顺利实现这一战略意图。首先,集成化技术架构决定了要完成系统创新必须充分理解和掌握组件的个体知识与组件间结合方式的知识,而这两类知识在集成化架构中是交织在一起的,难以进行清晰的界定,系统创新面临很高的隐性知识学习成本,因此需要较强的学习、消化、吸收能力。可见,系统创新的实现是以企业丰厚的知识积累和成熟的技术能力为基础的。其次,企业在价值链个别环节的技术优势难免会导致一定的资产专用性,产生一定的技术路径依赖,由此造成知识结构固化和技术能力锁定,在短期内很难获取价值链其他环节和系统层面的专门知识。由此可见,企业在集成型产品技术架构下往往由于采用了封闭型产品价值网络组织形式,同时又由于知识边界有限和技术能力不足而陷入系统创新瓶颈。

二、再集成陷阱

分工体系深化和交易效率提高是产业升级过程的本质特征。模块化分工既起源于传统分工,又体现了新型国际分工即产品系统内分工的性质和特征;模块化既发挥了工业产品设计的作用,又扮演了产业组织方式的角色。模块化分工生产网络作为一种创新型生产组织形式的主要优势在于充分利用了模块的"选择权价值"。当产品系统的某一功能模块的相关技术处于导入期的时候,市场对于最终产品此种功能的需求也是不确定的,如果存在一定的技术前景和市场需求,多个模块供应商会就特定功能模块展开平行竞争。当然,功能模块的最终选择在于产品系统集成商,一旦选定了功能模块,此模块就可能成为此功能的主导设计甚至产业标准,即模块将在技术推动和市场拉动的双重作用下不断趋于成熟,由此获取的利润愈加丰厚,但是同时获利空间也愈加狭小。

然而实际上各个模块在产品系统中的价值和地位是不断变化的。首先,各个模块的技术演化并非同步进行,而是处于不同的发展阶段。其次,"选择权价值"的含义在于,备选模块对于系统集成商行使选择权是具有参照价值的,是为了提高优胜劣汰的概率。对于制定系统设计规则和掌控价值链利益分配权的系统集成商来说,为了实现最终产品竞争优势的最大化以及增强对产品价值链的控制力,系统集成商有可能采取再集成行为来应对技术演化和市场变化。一般来说,再集成是指系统集成商或核心模块供应商将原有的一个或多个功能模块并入核心模块,或者在现有模块中实现其他模块的功能,相当于不同模块功能的合并。对于系统集成商来说,再集成显然提高了产品系统集成度。再集成行为的发生并非偶然,而是有着深刻的外部原因和内部原因。

一体化和模块化是结构化产品两种不同的设计原理。模块化设计相对于一体化设计的显著优势在于模块的选择权价值,由于产品系统分割后的每个模块都具有特定功能,同时每个模块都是由多个模块供应商通过竞标方式取得订单的,因而对于产品系统来说,市场上的任意一个备选模块都具有潜在价值,同时也存在选择的风险。一般来说,仅凭设计方案本身无法评价最终产品的优劣,对于新产品而言,可以假设一体化方案和模块化方案所带来的期望收益是相同的,但是如果进行产品功能改进或架构调整,两种方案的期望收益就会出现差异。

对于一体化方案而言,需要对整个产品系统进行重新开发,用新的整体方案替代旧方案。虽然重新开发系统的目的是进行系统改进,以便实现更大的价值和收益,但是新方案的价值不一定大于旧方案的价值,因而可以将新方案的价值看作是一个服从正态分布的随机变量,这个随机变量的均值就是新方案价值的期望值,并且新方案价值的期望值等于旧方案价值。对于任意一次系统设计,都要对新方案和旧方案进行效果比较,采用新方案的唯一理由是新方案具有更大的价值。

对于模块化方案而言,如果产品由 N 个元件构成,根据沈于和安同良 (2012)提出的模型,模块化设计的目标函数为式(7-1):

$$S_{\max} = \sigma N^{\frac{1}{2}} J^{\frac{1}{2}} Q(K) - C(J,K) \tag{7-1}$$

其中,元件数量在一定程度上反映了技术复杂度,因而将 N 看作技术复杂度,σ 为技术前景,J 为模块数量,K 为设计次数,$C(J,K)$ 为模块化成本,并且有式(7-2):

$$Q(K) = K \int_0^\infty y \left[F(y) \right]^{K-1} f(y) \, dy \tag{7-2}$$

其中,$F(y)$ 为标准正态分布函数,$f(y)$ 为概率密度函数。为了求解最优模块数量,对目标函数中的 J 求一阶导,得到式(7-3):

$$\frac{1}{2} \sigma N^{\frac{1}{2}} J^{-\frac{1}{2}} Q(K) - \frac{\partial C}{\partial J} = 0 \tag{7-3}$$

由式(7-3)求得式(7-4):

$$J^* = \frac{1}{4} \sigma^2 N Q^2(K) \left(\frac{\partial C}{\partial J} \right)^{\frac{1}{2}} \tag{7-4}$$

对式(7-4)中的 σ 求一阶导,得到式(7-5):

$$\frac{\partial J^*}{\partial \sigma} = \frac{2 J^* Q(K)}{\sigma Q(K) + 4 N^{-\frac{1}{2}} J^{*\frac{3}{2}} \frac{\partial^2 C}{\partial J^2}} \tag{7-5}$$

在式(7-5)中,$N \geqslant 1$,$\sigma > 0$,$J \geqslant 1$,$\frac{\partial^2 C}{\partial J^2} > 0$,$Q(K) > 0$,因而必有 $\frac{\partial J^*}{\partial \sigma} > 0$,由此表明,技术前景的下降将导致最优模块数量的下降,也就是说,即使系统功能保持不变,随着技术的逐渐成熟,模块数量将会减少,模块之间会发生合并,某些模块将会失去独立存在的价值。

技术演化的本质在于技术周期的存在。如果将产品设计的价值实现视为一个随机变量,那么这个随机变量的方差相当于价值实现所面临的市场风险,显然这种风险是难以预测的。产品设计的风险主要取决于技术复杂度 N 和技术前景 σ,即产品所包含的元件数量和产品所表征的技术前景。对于技术复杂度而言,元件数量越多,技术复杂度就越高,由此设计风险越大。对于技术前景而言,产品不同元件所处的技术周期阶段是不同的,每一个元件的技术前景是不断变化的,每一项技术都要经过导入期、成长期、成熟期和衰退期。

一般来说,新技术具有广阔的应用前景,采用新技术的产品设计面临较大的风险,由于新技术提供了更大的产品创新空间,因此新技术诞生之初会有大量厂商为了争夺市场份额而竞相开展新产品研发,而新的产品设计方案能否实现其价值取决于需求特征、技术能力、战略意图、市场结构、政策法规等诸多因素,技术导入期的产品开发呈发散状态,虽然涌现出众多新产品,但是产品之间差异较大,并且绝大多数产品存在设计缺陷,因而技术导入期的产品开发伴随着反复试错。这种试错过程一直延续到某个产品设计方案成为经过市场检验的较优方案,从而成为主导设计甚至行业标准。当主导设计出现之后,技术趋于成熟,技术前景下降,后续的产品设计具有了参照体系,大多数产品设计遵循主导设计的系统架构和技术标准,设计风险随之下降,技术演化的可预见性逐渐增强。处于技术成熟期的产品开发呈收敛状态,产品之间的差异不断弱化,产品创新频率降至产品生命周期的最低点,技术创新动力从产品创新转移到工艺创新。

由于不同的模块处于不同的技术周期阶段,因此不同的模块具有不同的技术前景。如果将某一模块的选择权价值看作 $\sigma N^{\frac{1}{2}} J^{-\frac{1}{2}} Q(K)$,那么可以认为,随着 σ 的下降,模块的选择权价值也在下降,当模块创造的价值无法弥补其相关成本时,该模块就难以继续独立存在了。由此可见,技术演化是模块化系统发生再集成的重要原因。然而值得注意的是,模块数量不仅与模块价值相关,还与模块化成本相关。一般而言,模块化成本可以分为系统分解的成本、模块设计的成本、系统测试的成本。其中,前两种成本在系统形成时就确定了,而后进行产品改进主要产生的是连接或测试成本。由于系统分解成本和模块设计成本占模块化成本的比例较高,因此,尽管在模块化系统形成之前可以认为模块化成本与模块数量正相关,但是在模块化系统形成之后,即使进行产品改进,导致模块数量减少,模块化成本也不会显著降低,即模块化成本与模块数量的正相关关系在模块化系统形成之后是难以成立的。这表明技术演化并不是再集成的充分条件,而只是再集成的一个必要条件和外部原因。

一个模块化分工生产网络包括极少数的主导厂商和绝大多数的功能模块供应商,同样地,一个模块化系统包括少量核心模块和大量一般模块,显然,核心模块与一般模块之间是互补关系。这种基于产品系统架构的互补关系决定了生产核心模块的主导厂商与生产一般模块的供应商之间必须建立以产品价值链整体收益最大化为目标的合作机制,而非以某一方的收益最大化为目标。在合作机制形成过程中,关于定价的协同必然是极为重要的一个环节。

假定一个模块化系统由核心模块 A 和一般模块 B 组成,模块 A 由主导厂商提供,模块 B 由外围厂商提供,同时作为中间品,两种模块的价格分别为 P_A、P_B,生产成本分别为 C_A、C_B,系统连接与测试成本为 C_T [①],产品系统的需求函数为 $Q = Q(P)$,其中,$P = P_A + P_B + P_T$。

如果采取单独定价方式,主导厂商的利润如式(7-6)所示:

$$F_A = (P_A - C_A - \alpha P_T) Q(P) \tag{7-6}$$

其中,α 为主导厂商对连接与测试成本的分担比例,于是有式(7-7):

$$F_A = (P_A - C_A - \alpha P_T) Q(P_A + P_B + P_T) \tag{7-7}$$

主导厂商利润最大化的条件如式(7-8)所示:

$$\frac{\partial F_A}{\partial P_A} = Q(P_A + P_B + P_T) + (P_A - C_A - \alpha C_T) \frac{dQ(P)}{dP} = 0 \tag{7-8}$$

外围厂商利润最大化的条件如式(7-9)所示:

$$\frac{\partial F_B}{\partial P_B} = Q(P_A + P_B + P_T) + [P_B - C_B - (1 - \alpha) C_T] \frac{dQ(P)}{dP} = 0 \tag{7-9}$$

由此可得双方单独定价的均衡价格 P_A^*、P_B^*,假定 P_T 不变,则产品系统价格 $P^* = P_A^* + P_B^* + P_T$。

如果采取协同定价方式,双方就产品系统制定统一价格,此时总利润如式

① 此处在沈于和安同良(2012)提出的模型基础上增加了系统连接与测试成本。

(7-10)所示：

$$F = (P - C)Q = (P - C_A - C_B - C_T)Q(P) \tag{7-10}$$

利润最大化的条件如式(7-11)所示：

$$\frac{\partial F}{\partial P} = Q(P) + (P - C_A - C_B - C_T)\frac{dQ(P)}{dP} = 0 \tag{7-11}$$

假定协同定价参照单独定价的系统价格，将 $P = P_A^* + P_B^* + P_T$ 代入上式，可得式(7-12)：

$$\frac{\partial F}{\partial P} = Q(P_A^* + P_B^* + P_T) + (P_A^* - C_A - \alpha C_T)\frac{dQ(P)}{dP} + [P_B^* - C_B - $$

$$(1 - \alpha)C_T]\frac{dQ(P)}{dP} \tag{7-12}$$

由于有式(7-13)：

$$Q(P_A^* + P_B^* + P_T) + (P_A^* - C_A - \alpha C_T)\frac{dQ(P)}{dP} = 0 \tag{7-13}$$

又有式(7-14)：

$$\frac{dQ(P)}{dP} < 0, P_B^* - C_B - (1 - \alpha)C_T > 0 \tag{7-14}$$

因此有式(7-15)：

$$[P_B^* - C_B - (1 - \alpha)C_T]\frac{dQ(P)}{dP} < 0 \tag{7-15}$$

于是有式(7-16)：

$$\frac{\partial F}{\partial P} = Q(P_A^* + P_B^* + P_T) + (P_A^* - C_A - \alpha C_T)\frac{dQ(P)}{dP} + [P_B^* - C_B - $$

$$(1 - \alpha)C_T]\frac{dQ(P)}{dP} < 0 \tag{7-16}$$

由于 $\frac{\partial F}{\partial P} < 0$，表明双方可以通过协同定价来降低系统价格，从而提高总利润。这说明，尽管核心模块与一般模块处于非对等地位，但是参与模块化分

工的双方仍然具有内在激励而采取协同定价方式来增进产品系统的整体收益,从而使各自能够获得相对于单独定价方式的较高收益。与此同时,协同定价相当于将一部分生产者剩余让渡给了消费者剩余。显而易见,协同定价的策略选择是由核心模块与一般模块在系统中的互补关系决定的,而互补关系又是由系统设计规则决定的。

上述假设只考虑了一个核心模块与一个一般模块的情形,实际情形则复杂得多。首先,一般模块的供应商数量远大于核心模块的供应商数量;其次,同种一般功能模块的供应商不止一个,大量同种或相似功能模块供应商的存在对应着模块的"选择权价值",因此有必要将一般功能模块的市场结构特征纳入模块化生产网络的协同定价分析框架。

如果将假设条件贴近现实,考虑一个核心模块与多个一般模块的情形,即一个主导厂商对应多个外围厂商。在协同定价参照系统价格的前提下,即 $P = P_A^* + P_B + P_T$,假定外围厂商的数量足够多,那么一般模块的市场结构趋近于完全竞争,模块价格为 P_B,并且近似存在 $P_B = C_B$,表明厂商的单位产品利润为零。由于存在 $\frac{\partial F}{\partial P} = 0$,厂商无法通过降低价格来提高利润,因而不存在协同定价的内在激励。当然,这是一种极端情形。倘若一般模块处于不完全竞争状态,那么存在 $P_B > C_B$,同时存在 $\frac{\partial F}{\partial P} < 0$,厂商可以通过降低价格来提高利润,故而存在通过协同定价来提高系统收益的内在激励。

模块化生产网络中的大多数模块属于一般功能模块,并且同种功能模块的不完全竞争状态是一种常态。一般来说,即使是提供同种功能的模块也会具有特定的技术参数和竞争优势,以便满足同一种基本功能下的多层次、多样化需求。再集成行为本身包含了协同定价,主导厂商将某个功能模块并入核心模块正是协同定价的结果,协同定价是再集成的内部原因,再集成是主导厂商所遵循的利润最大化原则在模块化系统层面的体现。

需要强调的是,协同定价不仅提供了降低价格的动力,更具有现实意义的是,如果协同定价导致的结果是再集成,那么再集成往往意味着更低的生产成本。这是因为,再集成是在不改变系统整体功能的前提下将一个模块的功能并入另一个模块,相当于模块功能的合并,其结果是减少了模块数量,降低了产品复杂度和生产成本,核心模块边界的扩张也降低了模块之间的交易成本,而这种交易成本表现为一部分的系统连接成本。

产品系统的模块化架构不但决定了企业组织形式的模块化,而且在一定程度上决定了产业组织形式的模块化。在产品内国际分工体系中,一个国家在模块化全球分工生产网络中的位置和角色本质上是由产品系统的模块化架构及其所反映的系统设计规则决定的。当前绝大多数新技术诞生于发达国家,任何一项新技术诞生之初都具有比较乐观的发展前景,在产品元件数量不变的前提下,较好的技术前景对应着较大的最优模块数量,发达国家先于发展中国家在最终产品层面形成模块化分工均衡格局。然而,随着新技术的不断成熟和市场需求的逐渐饱和,主导设计替代了原先众多的不成熟设计,技术开发由发散转向收敛,技术前景下降,导致最优模块数量下降。发达国家创立和维持的最终产品层面模块化分工均衡被打破,尽管如此,发达国家仍然领导和控制着模块化产业链。发达国家企业作为产业链的链主企业,在具有资本和技术双重优势的条件下,能够将全球价值链控制权从最终产品层面转移到模块层面,同时保持产品系统架构不变。

发达国家这一行为的发生并非偶然。首先,在模块化产品生产过程中,主要生产对象是模块而非最终产品。其次,发达国家基于资源配置和要素禀赋的考虑,必然将依托技术前景下降的成熟技术的生产活动转移到发展中国家,以应对最优模块数量下降和最终产品层面分工均衡被打破的局面。再次,为了维持产品价值链收益最大化和集中化,发达国家必然建立模块层面的分工均衡,将自身优势集中于具有较高技术复杂度的核心模块生产,而将大量一般模块生产向发展中国家进行梯度转移。这种过程的一部分符合雁行理论的解释。

由此可见,在模块化全球生产网络中,发达国家虽然难以维持最终产品层面的分工均衡,但是能够掌控模块层面的分工均衡,利用先发优势再次形成了模块化分工均衡,主导着核心模块的生产和供应。其结果是,新的分工均衡尽管实现了生产分散化,但是产品价值链收益仍然主要集中于发达国家。由于发展中国家一般只具备中低级生产要素条件,因此按照比较优势只能承接模块化分工均衡的中低附加值模块生产,无法取得与发达国家对等的位置和角色,所获取的价值链收益微乎其微。更重要的是,随着劳动力成本上升,一部分发展中国家的生产成本优势逐渐消失,全球生产要素进行重新配置,原有的模块生产进一步向劳动力成本更低的国家转移。如果原先承接一般模块生产的发展中国家没有及时实现技术能力提升和产业升级,没有实现向模块化全球价值链高附加值环节的攀升,那么就有可能出现本土产业空心化危机,面临一种"高不成低不就"的产业发展困境。这就是发展中国家参与产品内全球分工网络所面对的第一重模块化陷阱。

在一个技术周期中,技术演化引致了技术前景的下降和最优模块数量的减少,然而,最优模块数量减少并不影响系统功能。模块层面分工均衡是最优模块数量减少的前提和基础。发达国家虽然已经在模块层面分工均衡格局中控制了核心模块的生产和供应,获取了产品价值链的主要利润,但是在技术进步和市场扩张的驱动作用下,发展中国家的某些一般模块供应商迅速成长起来,其技术能力和市场开发能力显著提升,由此提高了这些一般模块在产品系统中的价值比例以及话语权。这导致了核心模块价值比例的下降,核心模块的主导地位受到影响。此外,模块化系统存在"大盒套小盒"的结构,一些功能模块在更低级的模块层面相当于核心模块,一般模块在提高自身价值比例的同时也可能开发新技术,以此扩大自身所控制的模块层面的最优模块数量,强化控制权范围内模块的选择权价值,从而在该模块层面建立分工均衡。

针对一般功能模块的这种发展趋势,核心模块必然会巩固和加强自身在模块化系统中的价值和地位,以便维持发达国家在核心模块层面的分工均衡。随着核心模块所承载的技术前景持续下降,最优模块数量不断减少,发达国家的主导企业会推进核心模块对一般功能模块的整合,其主要方式是再集成。通过再集成行动,主导企业不仅将一部分具有成长潜力的功能模块供应商排挤出模块化生产网络,而且显著提高了核心模块的技术复杂度和功能兼容性,进一步提升了核心模块在产品系统中的价值比例。在实施再集成的过程中,不但模块数量会减少,也会形成新的模块,因而模块边界会发生变化。

　　模块层面的分工均衡实际上是一种模块化系统内部的动态均衡,发达国家的主导企业为了维持核心模块的支配地位,需要对原有核心模块边界进行扩展,对核心模块内容进行重组,同时对系统内部的功能模块进行不断整合。尽管再集成通常不会改变系统功能,但是会导致模块边界和内容发生变化,各个功能模块未必都能适应这种格局变化,尤其是当多次再集成对原有系统的结构收益极限造成冲击时,模块资源配置已经在既有系统结构下达到帕累托最优。对于主导企业来说,如果要继续提高系统收益,就必须重新建立系统规则和产品架构,从再集成角度来说,这显然是一种从模块化向集成化演变的趋势。毋庸置疑,这种演变趋势对于特定功能模块具有一定的负面影响,尽管功能模块能够通过知识吸收和技术积累保持一定的适应核心模块边界和内容变化的能力,但是如果系统规则发生变化,在新的系统架构下形成了分工均衡,功能模块可能就会由于技术能力不足而无法嵌入新的价值网络,由此落入第二重模块化陷阱。显而易见,再集成是形成这种模块化陷阱的重要原因,功能模块供应商由于难以适应主导企业实施的再集成而面临被淘汰出模块化分工网络的风险。

第二节　中国制造业模块化创新型升级路径

　　在模块化产业组织背景下,中国制造业有必要选择模块化创新型升级路径,其路径选择主要在于五个方面,一是遵循比较优势演化规律,二是获取产品建构优势,三是利用再集成实现价值链高端嵌入,四是强化"外围—核心—系统—核心"的突破创新,五是培育旗舰型模块集成商。显然,这五个方面并非彼此孤立,而是要形成一个相互关联的并行工程。其中,遵循比较优势演化规律是制造业升级的前提和基础;获取产品建构优势和利用再集成实现价值链高端嵌入是对于国内众多外围模块供应商的策略建议;无论是模块生产商还是模块集成商,都有必要不断强化"外围—核心—系统—核心"的突破创新,这是模块化创新的高阶要求;培育旗舰型模块集成商是对于国内强势模块集成商数量稀少的一种积极应对策略。

一、遵循比较优势演化规律

一个国家的要素禀赋决定其参与全球价值链的比较优势,通过国际分工以达到资源配置利用的最大效果。在国际分工中,模块化作为生产活动的技术运用基础,应用技术通过模块化方式将产品生产技术进行分解,形成由不同国家或地区来承担价值链中的不同模块。尽管传统比较优势理论引导形成了具有经济效率的国际分工模式,但是,如何实现比较优势的转换,在全球价值链中如何实现进一步攀升,在传统比较优势理论中却不得而知。豪斯曼和克林格尔(Hausmann 和 Klinger,2006、2007)根据这一问题提出比较优势演化理论,简称 HK 模型,指出一个国家或地区参与国际分工的起始期原有状态与其后期的产业发展趋势密切相关,产品在出口过程中呈现的产品空间结构变化对该国家或地区的产业发展具有重要的影响。在该模型中,由于产品之间可能存在技术相近、联系紧密的部分,也可能存在技术差距大、关联甚小的部分。因此,产品空间展现出的高程度异质性与不连续性,使产品间的跳跃需要付出一定的成本,可称为跃迁成本。技术差距是跃迁成本的主要影响因素,同时产品要素更替难易度、产品空间密度,外部信息的协调性等也对技术距离有一定的影响。

产品空间中的技术距离会对一个国家的产业升级方向与路径选择具有显

著的影响。技术距离可以通过跃迁成本进行表示,当达到成本最低、收益最高的最佳状态时,就可以确定技术距离,并进一步对一个国家的产业升级进行方向与路径的选择。发展中国家在最初参与国际分工时,经济发展水平落后,在全球价值链中仅能承担低附加值的加工装配工作,价值创造活动的技术含量较低。相反,发达国家在全球价值链中处于主导地位,掌控着高技术与复杂产品生产,因此发达国家与发展中国家的差距逐步拉大,实现技术追赶面临较大的困难。如果直接进行跨越式的技术追赶,实现产品跃迁,需要大量的跃迁成本,即使跃迁成功,也会导致企业难以支撑,升级风险较大。如果对技术距离进行阶段划分,逐步实现阶段性的产品升级,不仅可以稳步提升企业的技术水平,同时也会激发企业新产品开发的动力,不断增强企业对未来收益的预期。

实现产业阶段性升级,还需要考虑升级目标与方向。产品邻近性是指一种产品的生产能力进行生产其他产品的可运用程度,当不同产品的生产活动中运用的要素资源、技术水平相似时,则说明这两种产品邻近性程度较高。显然,邻近性程度越高、技术距离越小、升级方向越清晰,转向升级越容易实现。此外,产品空间中,发达国家进行生产复杂程度高的精细化产品,占据产品空间核心位置,发展中国家主要进行简单产品生产活动,位于产品空间边缘区域。产品技术含量越高,则越接近联系紧密的核心区域。从边缘区域向核心区域的跃迁还需要考虑产品空间密度,产品空间密度表现为目标产品与当前产品的接近程度,现有产品围绕目标产品的密度价值越高,则越有利于新产品开发和产业升级,实现比较优势的扩散和演化。

在 HK 模型中,对产业升级方向进行线性假定,如图 7-2(a)所示,用字母表示不同产业,用箭线表示不同产业之间的技术距离。对于 A 有且仅有一条升级路径,如果 A 与后续的 B、C、D 等产业的产品具有邻近性,空间密集度大,则技术跃迁容易达成,那么进行连续的产业升级是可以实现的。但是在现实中,对于特定产业,难以满足这些假设条件,且单一路径容易发生技术锁定,产品间技术距离具有不确定性,企业同时会面临多种选择,因此单一路径并不符合现实状况。图 7-2(b)显示了产业升级的非线性路径,企业不仅面临多种升级机会,还可以规避技术锁定风险。A 作为起点,同时面临 B、C 两种选择,可以采用图论中的"度"(连接顶点的边数)来表示可供选择的机会(张其仔,2008),那么 A 的产业度为 2,B 的产业度为 2,C 的产业度为 1,D 的产业度为 3。产业度越大表明产业升级机会越多,但是在图 7-2(a)中,每个产业的产业度均为 1,无法进行选择。在进行产业升级路径选择时,必须兼顾技术距离和产业后续升级。在图 7-2(b)中,C 的产业度为 1,D 作为 C 的后续产业,D 的产业度为 3,提供了更多的机会选择。虽然 B 的产业度为 2,但是 E、F 作为 B 的后续产业,产业度均为 1。显然,在考虑产业后续发展的条件下,应当优先选择 A→C→D 而不是 A→B,虽然路径 A→C→D 的技术距离较大,需要付出较高的跃迁成本,但是路径 A→C→D 可以降低技术锁定风险,安全性高,能够通过逐步跃迁获得更多升级机会,使企业跃迁目标更加靠近产品空间的核心区域,以便快速推进产业升级。

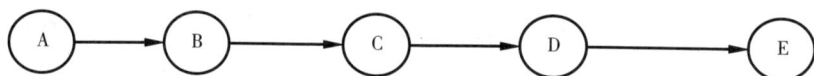

(a)线性产业升级路径

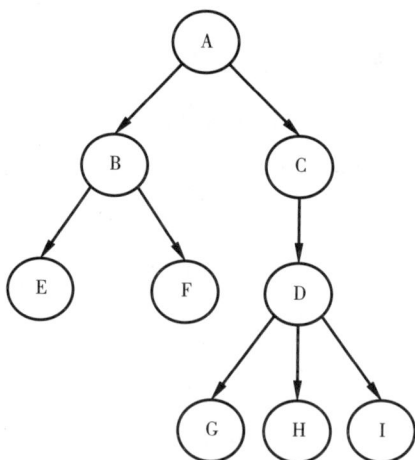

(b)非线性产业升级路径

图 7-2 基于 HK 模型的产业升级路径

资料来源:张其仔:《比较优势的演化与中国产业升级路径的选择》,《中国工业经济》2008 年第 9 期,第 58—68 页。

通过比较发现,非线性产业升级路径与现实更为相符,同时也说明了产业升级会呈现出产业内升级与产业间升级两者交替的情况。产业间的升级主要体现在产业结构升级,表现为产业结构高度化。如图 7-3 所示,随着社会生产力的发展,科技水平的进步,主导产业不断发生变化,早期以农业、手工业、个体服务业为主,逐渐向轻工业、制造业、私营服务业转移,再逐渐走向以重工业、高新技术产业和现代服务业为主导产业。从低附加值的劳动密集型产业向高附加值的资本密集型和技术密集型转移,体现了产业结构的逐步高度化。企业通过评估内部技术水平和机会成本,判断当前应进行产业间升级还是产业内升级。若首先实施产业间升级,则通过总体提升,进一步拉动内部低端产业,辅助低端产业转型。若首先实施产业内升级,则由产业内的部分升级逐渐积累突破,达到总体产业升级。因此,两者交替是产业升级的主要形式。

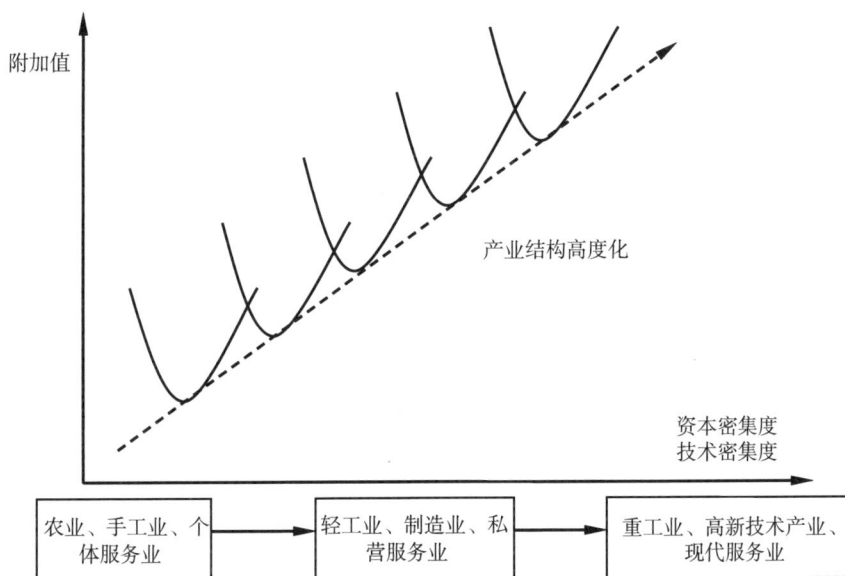

图 7-3　产业间升级

资料来源:朱卫平、陈林:《产业升级的内涵与模式研究——以广东产业升级为例》,《经济学家》2011年第 2 期,第 60—66 页。

　　国家对两种不同产业升级战略的选择,应该根据具体国情和比较优势进行判断。在国际贸易中,一国通常依照比较优势参与商品交换,中国实行出口导向战略,通过出口导向促进国内产业经济快速发展。随着更多发展中国家加入国际分工体系,国际竞争日益激烈,中国出口产品必须从初始的简单产品向中间品、资本品转移,产业竞争力的结构随之发生改变,海外需求促使国内形成新产业,但是在保持出口的增长同时,难以提高产品质量。由此来看,中国的产业升级应该优先进行产业间升级,然后再实现产业内升级。

　　优先实行产业间升级是对中国经验的一种总结,并不意味着产业间升级优于产业内升级,二者没有可比性。产业间升级的一个好处是,当进入一个新产业时,通常是从低端产品开始的,产品质量的成长性较好,在整个产品生命周期内还有大量的预期收益。然而,随着产品质量的不断改进,产品升级的压力越来越大,即产业内升级的压力越来越大,为了获取产品的高附加值,就必须进行产业内升级,因此,产业间升级与产业内升级必须交替进行,不可能单纯依靠产业间升级来实现产业升级,否则就会被长期锁定在价值链低端。产业间升级也存在约束,不同国家面临的产业间升级问题是不一样的,这一点类似于林毅夫(2007)提出的潮涌现象。对于发达国家来说,产业间升级存在信息不足的问题,因为发达国家的产品和技术已处于世界前沿,企业、政府、大学和研究机构等对于应该研发和生产什么样的新产品,进入或开辟什么样的新产业,都很难有确定的方向,因此,尽管发达国家的潮涌现象也存在,但非常弱。而对于发展中国家来说,产业间升级信息不足的问题就不那么明显,因为发展中国家可以采取跟随战略,投资于发达国家已经成熟的产业,从而实现产业间升级,但同时也造成了猛烈的潮涌现象。

　　从企业角度来看,企业从事生产活动向市场提供各类产品。在"原始设备组装→原始设备制造→原始设计制造→原始品牌制造"路径中,生产活动不断进行产业内升级,各阶段之间技术距离呈现递增状态。从"原始设计制造"转向"原始品牌制造"的技术距离远大于"原始设备制造"转向"原始设计制造"的技术距离,要实现从自主设计加工到自主品牌生产环节的跳跃,往往要困难得多,尤其是发展中国家企业开拓海外市场、建立自主品牌,这一环节的跳跃需要付出高额的成本且风险较大(汪建成等,2008)。客观层面上,产品技术上进行突破创新,逐步缩小技术距离,则能够实现产业内升级。但是,企业处于国际市场中,存在竞争关系,发达国家企业为保护市场地位,可能会对发展中国家企业设置较多障碍,如资源能力套牢、技术禁锢等。因此,企业需要较长时间才能完成产业内升级。与产业间升级相比较,企业通过强化技术能力不断发展进而实现产业内升级,属于内生机制形成,不需要政策等方式进行引导。① 通过出口导向战略引导产业间升级,从而拉动产业内部升级,最终定位在企业生产活动,提升技术水平,逐步占领国际分工价值链高附加值环节,实现比较优势的演化,进行产业内部升级。

在产业升级的过程中,同时也存在风险。由于企业在升级过程中难以寻求合适的技术距离,容易发生比较优势演化中的产业比较优势断档风险。随着国家经济发展水平的不断提高,要素成本不断上涨,国内原先具有成本比较优势的产业竞争力下降,难免受到产业国际转移的冲击,导致国内相关产业规模缩小,如果新的比较优势产业尚未形成,则会面临产业断档风险。此外,中国处于转向资本和技术密集型产业的过渡期,在此期间也面临着与发达国家的实力角逐,因此中国应当采取有效措施规避产业比较优势断档风险。

模块化技术与产业组织能够有效化解产业比较优势断档风险,通过应用模块化技术,可以有效发挥比较优势,延长比较优势的生命周期,增强企业自主技术创新能力。因此,模块化对产业内升级具有重要意义。

从模块功能来看,模块化可以降低学习成本和技术创新风险,通过知识、

---

① 如果运用政策手段来推动产业间升级,那么政策的实施效果就必须体现在对比较优势的有效利用,而不是对比较优势的扭曲。不论采取何种政策,都必须考虑企业的实际能力和所面临的产品技术距离,正如每一个企业都有产品跃迁的最佳距离,因而政策尺度非常重要。关于这种政策手段运用的讨论只限于中国,不涉及其他国家。

技术的快速学习吸收,从模块的标准通用性向专用性转型,有利于模块化产业的升级。由于通用模块是产品系统中必需的一部分,需求量大,技术开发成熟,因此通用模块的市场竞争激烈,彼此间替代性强。相反,专用性模块在产品系统中占据特殊的位置,对产品功能具有无法替代的作用,技术开发还不成熟,处于相对垄断地位。在模块化产业链条上,拥有专用性模块及系统设计的企业具有较强竞争力,能够获取价值链上高附加值。拥有通用模块的生产企业只能处于低附加值地位,竞争激烈,面临着随时被取代的风险。中国企业追寻获得价值链的攀升,则必须不断学习创新,加大研发力度,从生产通用模块转向专用模块的开发生产,再逐步成为系统总体的设计者,进而作为模块化产业链的驱动者。

从模块的价值来看,核心模块价值最高,越向边缘位置扩散,价值越低。发达国家主要主导技术含量高、价值比例高的核心模块,中国企业大多是边缘模块生产商,产品附加值较低。例如,显示器、CPU、主板、显卡等作为计算机的核心模块,其价值占产品总价值的比例超过80%,而作为边缘模块的一般部件,如键盘、鼠标、机箱、电源等,其价值占产品总价值的比例不到20%。由此可见,成为核心模块的生产者与技术标准的制定者是实现产业升级的关键一步。企业技术的提升不仅仅在于获取专利,更在于从产品技术内部打破,建立新的技术标准,获取核心竞争力,成为产业标准的主导者,形成"技术专利化→专利标准化→标准产业化→产业国际化"的发展路径。从边缘模块迈向核心模块,除需要缩小技术差距外,还需要对优势企业的技术标准制定给予政策支持,增强企业的国际竞争力,从而能够参与国际技术标准的制定,稳步推进产业升级。

二、获取产品建构优势

中国制造业企业参与模块化国际分工的目的不仅在于获得一定的产品收益,更重要的是在价值创造活动中能够吸收一定的知识溢出,在此基础上实现自有知识与引入知识的融合,加快知识积累和沉淀,增强知识利用能力向技术创新能力的转化,从而实现企业升级,进而带动相关产业的升级。然而,模块化分工背景下的产品建构陷阱给企业带来了极大的升级困境,企业必须在充分理解产品建构的前提下探索提升技术能力、获取产品建构优势的可行路径。

为了对产品建构理论进行深入分析,引入系统界面耦合度和价值网络关联度两个概念,用于描述不同的产品建构类型所具有的现实意义(钱书法和周绍东,2010)。系统界面耦合度是指产品系统内部不同组件之间的结合度,是对产品技术架构的一种衡量。系统界面耦合度越高,表示产品系统内部不同组件之间的关系越密切、复杂,产品趋向于集成化技术架构;系统界面耦合度越低,表示产品系统内部不同组件之间的关系越松散、简单,产品趋向于模块化技术架构。价值网络关联度是指产品价值网络各个节点的开放度,是对产品价值网络组织形式的一种衡量。价值网络关联度越高,表示产品价值网络各个节点的开放度越低,产品价值网络趋向于封闭型组织形式;价值网络关联度越低,表示产品价值网络各个节点的开放度越高,产品价值网络趋向于开放型组织形式。

产业升级的微观基础是企业必须向产品价值链高附加值环节攀升,逐步获取价值链高附加值环节的竞争优势。从产品建构视角来看,企业要选择有利于自身优势培育的产品建构,也就是要实现产品技术架构与产品价值网络组织形式的适当组合。一般来说,产品技术架构具有相对稳定性,企业在短期内无法改变产品技术架构,其变革是一个长期的过程,因而企业是在产品技术架构既定的条件下选择适宜的产品价值网络组织形式与之相匹配。企业应该充分认识到当前所处行业的产品技术架构的基本特征及其变动趋势,对产品系统界面耦合度作出基本判断,同时考虑选择何种产品价值网络组织形式。对产品系统界面耦合度判断的偏差可能会导致企业对产品价值网络关联度的估计发生偏差,进而选择不适宜的产品价值网络组织形式,从而可能给企业技术能力成长和价值链攀升带来负面效应。

　　然而,即使企业对产品技术架构变动趋势和系统界面耦合度作出了正确的判断,也不能保证企业采用适宜的产品价值网络组织形式。因为在大多数情况下,位于产品价值链中低附加值环节的代工企业面对的是由系统集成商主导的产品技术架构,无论是模块型架构还是集成型架构,代工企业只能被动接受既定的产品技术架构。不仅如此,作为价值链"链主"的系统集成商选择了与系统界面耦合度同向变动的价值网络关联度,并且以此标准来构建产品价值网络组织形式。但是,代工企业面对的产品技术架构与产品价值网络组织形式未必是一种有利于自身优势培育和价值链攀升的组合,甚至是一种不利组合。

　　按照产品技术架构的分类,在模块型技术架构下,企业面对的是开放型价值网络,由此形成了较低的系统界面耦合度与较低的价值网络关联度的匹配,对应图7-1中第三象限的开放模块型建构。在此情境下,企业处于价值链中低端锁定的状态,依照模块化分工的安排从事价值链中低端环节的活动,尽管企业存在提升技术能力以及向价值链高附加值环节延伸的意愿,但由于价值网络关联度较低,开放度较高,企业很难获取高附加值环节的知识溢出,仅凭自身能力难以突破价值链的技术封锁,即第一种产品建构陷阱。在集成型技术架构下,企业面对的是封闭型价值网络,由此形成了较高的系统界面耦合度与较高的价值网络关联度的匹配,对应着图7-1中第一象限的封闭集成型建构。在此情境下,企业采用垂直一体化的组织形式来应对集成型技术架构,需要具备系统创新能力才能攻克价值链各个环节的技术诀窍,这不仅要求企业拥有关于价值链不同环节的知识储备,而且要具备精深、广泛的系统整合知识,因此企业往往由于知识积累不足和技术能力欠缺而落入系统创新乏力的局面,即第二种产品建构陷阱。

　　面对两种产品建构陷阱,企业应该选择系统界面耦合度与价值网络关联度的反向匹配。对于系统界面耦合度较低的模块化技术架构,应该选择价值网络关联度较高的封闭型组织与之匹配;对于系统界面耦合度较高的集成化技术架构,应该选择价值网络关联度较低的开放型组织与之匹配。

1. 模块化技术架构

对于模块化技术架构下系统界面耦合度较低的产品来说,中国的外围模块供应商通常凭借成本比较优势和生产资源本土化优势参与价值网络关联度较低的模块化国际分工体系。在发达国家系统集成商的主导和控制下,一种产品的模块化分工协作网络由若干条价值链构成,包括主价值链、次价值链以及更低层级的价值链,主价值链一般由产品系统的一级模块所对应的环节组成,次价值链以及更低层级的价值链由一级模块以下的各级子模块组成。中国大多数外围模块供应商承担了产品模块化分工协作网络中各级价值链的中低附加值环节的设计和生产,对系统集成商来说,为了在特定的价值链环节降低制造成本、提升产品质量、增强生产柔性,通常会向接包的模块供应商提供一定的技术支持和管理培训,以提高产品竞争力。在这种状况下,模块供应商一般只能按照产品系统集成商的要求从事价值链特定环节的生产活动。由于制造成本的降低主要在于工艺创新,产品质量的提升主要在于质量控制和产品创新,生产柔性的增强主要在于流程再造和设备技术水平的提高,因而模块供应商能够在获取相关技术支持和管理培训的基础上实现一部分工艺升级和产品升级,相当于模块供应商吸收和利用了来自模块化分工网络内先进企业的一部分知识溢出和技术溢出。

但是,外围模块供应商在迈向功能升级时却陷入了困境,作为模块价值网络领导企业的系统集成商对处于价值链低端环节的模块供应商进行了严格的技术封锁,很少对模块供应商提供实现功能升级所需的技术支持和管理培训。在价值网络关联度较低的开放型组织中,价值链各个环节之间的联系很少,从事特定环节活动的模块供应商难以接触到其他环节的内部知识和相关技术,难以吸收和利用来自上下游环节的知识溢出和技术溢出。与此同时,由于外围模块供应商长期从事中低技术含量的设计和生产任务,企业技术能力比较有限,很难仅凭自身技术能力和资源配置能力完成向价值链高附加值环节的延伸。

因此,外围模块供应商要摆脱产品价值链低附加值环节的锁定地位,实现企业的功能升级和链条升级,就应该采取封闭型价值网络组织,提高企业的学习能力和知识吸收能力,加强与上下游环节之间的接触和联系,尤其应当注重与先进企业之间的互动和交流,逐渐形成一个基于技术能力成长的虚拟价值链,使企业的技术和资源优势逐渐向所处价值链的设计、营销、服务等高附加值环节延伸,或者向其他产品价值网络的同类价值链跃迁。这一过程在图7-1中体现为从开放模块型建构向封闭模块型建构过渡,由此跨越第一种产品建构陷阱。从产业层面和企业层面来看,外围模块供应商应对第一种产品建构陷阱的策略可以从三个方面来考虑。

第一,外围模块供应商应当增加产品研发投入,提高企业内部研发费用支出占产品销售收入的比例。政府应当加大对企业研发活动尤其是基础研究和前期研究的投入强度,适当提高企业内部研发费用支出中政府资金投入所占比例,重点资助和扶持基础、关键、共性技术的研发活动,鼓励金融机构对开展前沿技术和新兴技术研发活动的中小企业提供贷款优惠,吸引和鼓励风险投资机构和个人向从事科技创业项目的中小企业和初创企业提供天使投资。现阶段,中国的研发经费支出状况总体来看不容乐观,从图7-4可以看出,中国近年的研发经费支出总额中,基础研究所占比例为6%,应用研究所占比例为11.3%,这两项经费支出比例在七个国家中处于最低水平。尤其是基础研究占研发经费支出的比例,低于其他六个发达国家的平均水平,基础研究与应用研究所占比例之和不到18%。一般来说,基础研究活动的任务是发现新知识,应用研究活动的任务是将知识转化为技术,试验发展活动的任务是新产品开发。显而易见,与发达国家相比,中国的基础研究和应用研究力度不足,有必要强化基础研究和应用研究,提高基础研究和应用研究在研发经费支出中的比例,相应地提高发明专利授权量在专利授权总量中的比例,进而提高新产品的国内技术含量及自主核心技术含量。

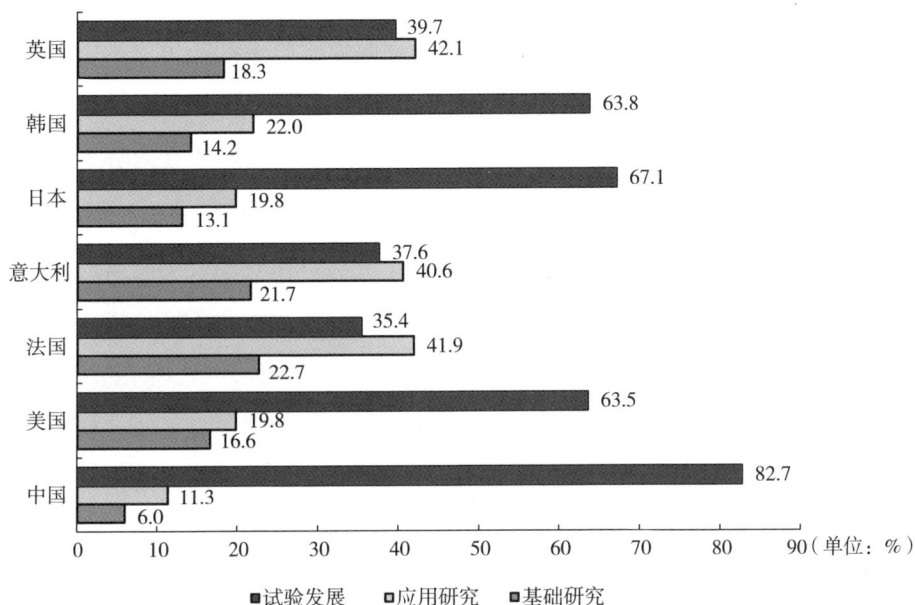

图 7-4　按活动类型划分的部分国家研发经费支出比例

注:中国为 2019 年数据,法国为 2017 年数据,其他国家为 2018 年数据。

资料来源:国家统计局:《中国科技统计年鉴 2020》,中国统计出版社 2020 年版,第 262—263 页。

第二,外围模块供应商应当进一步加强与产品价值网络中先进企业之间的联系和协作,在提升自身知识吸收能力的基础上充分获取模块之间的知识溢出。对于位于产品价值网络中特定价值链的外围模块企业而言,主要联系对象是所处价值链的子系统集成商和核心模块供应商,外围模块供应商虽然熟悉子系统规则,但缺乏功能升级所需的关于价值链高附加值环节的隐性知识,也难以破解被封装在模块中的隐性知识。因此,外围模块供应商获取价值链高附加值环节知识溢出的唯一途径是更加积极地参与价值链协作,尤其要注重学习能力和知识吸收能力的培养和提升,只有以此为前提才能在分工合作中实现知识积累和储备。

第三,外围模块供应商应当尝试向其他产品价值网络的同类价值链跃迁。

模块供应商向所处产品价值链高附加值环节的延伸并不是总能顺利实现,相反地,这一进程往往由于企业技术能力不足或技术能力成长缓慢而受到极大的约束。与此同时,模块供应商还会由于长期附属于特定产品价值网络的特定价值链而产生一定的资产专用性,这种供应链意义上的专用性机能具有"双刃剑"效应。其一,在现有价值网络中,模块供应商按照产品内分工布局从事相应模块的价值创造活动,形成对产品系统价值的贡献,通过"干中学"提升了自身技术能力和资源配置能力,模块化分工协作对模块供应商的专用性机能具有一定的强化作用。其二,一旦模块供应商试图向所在价值链高端环节攀升,参与模块化分工所形成的资产专用性就会对模块供应商的功能升级产生负向效应。尽管模块企业的功能升级意图发生在长期从事生产活动的价值链中,但是外围模块供应商从事的中低端环节活动与高端环节活动之间存在较大的知识鸿沟和技术距离,这对于外围模块供应商而言可能是难以逾越的。

为了规避资产专用性的负向效应,同时充分发挥资产专用性的正向效应,外围模块供应商应该不局限于在现有价值网络内进行能力延伸,而是突破现有价值网络的边界,尝试将企业技术能力延伸至其他品牌商产品价值网络的同类价值链。考虑到知识结构和技术能力的相似性,外围模块既可以在初期建立与同类价值链上同类模块的合作关系,也可以直接向系统提供替代模块,还可以在资源能力和规模实力允许的情形下对同类模块进行兼并,实现模块的横向联合。模块企业向不同价值网络同类价值链的跃迁具有靶向效应,为了降低能力升级的难度,外围模块企业最初应该选择同类模块为联合对象,之后在技术能力和组织规模提升的基础上再将价值链高附加值环节作为升级目标,这样不仅能够突破原有价值网络的限制,有效利用资产专用性,拥有较大的创新余地和利润空间,而且能够在不同产品价值网络中构建企业的核心优势,进而将核心优势向价值链高附加值环节转移。

2. 集成化技术架构

对于集成化技术架构下系统界面耦合度较高的产品来说,中国企业通常选择了价值网络关联度较高的纵向整合组织形式,从而极易由于架构创新能力欠缺而陷入系统创新困境。根据产品技术架构与产品价值网络组织形式的反向匹配原则,面对集成化技术架构,应当选择价值网络关联度较低的开放型组织与之匹配。产品的技术模块化或集成化程度是相对的,模块企业通常也会参与集成化架构产品的价值形成,但是绝大多数模块企业的知识迁移能力、技术整合能力以及资源调配能力比较有限,很难按照集成化产品系统创新的要求掌握价值链所有环节包含的隐性知识和技术诀窍,更不用说主导和控制整个价值链了。此外,在集成化产品架构中,组件与功能之间并非像模块化产品架构那样存在严格的对应关系,取而代之的是错综复杂的复数关系,组件之间也不存在模块化产品系统那样的标准化界面和松散的耦合关系,而是具有紧密的耦合关系,组件之间关系密切,结合方式不易理解,一个组件的内部决策往往要顾及相关组件决策的影响,单个组件的创新需要付出较高的隐性知识学习成本,导致系统创新面临更高的隐性知识学习成本。

可见在集成化技术架构下,企业应当选择价值网络关联度较低的开放型组织形式,以应对产品系统创新瓶颈。国内便携式 MP3 播放器的技术和市场演进正好印证了集成化技术架构与开放型价值网络适配的必要性。根据存储原理的不同,便携式 MP3 可分为闪存型和硬存型,闪存 MP3 属于模块化架构,产品系统主要由核心模块和外围模块组成。视频解码器、音频解码器、内存等核心模块的设计和生产具有较高的技术含量,因此核心模块业务一般由技术能力和规模实力较强的领先企业承担。电源、耳机、外壳、按键等外围模块设计和生产的技术含量较低。当闪存 MP3 最初出现时,国内厂商大量涌入市场,虽然大多数品牌商技术能力不高,但是可以通过外购获得核心模块,同时自制外围模块,经过简单组装就可以尽快推出产品,由此迅速形成了竞争性市场。

相比闪存 MP3,硬存 MP3 偏向于集成化架构,其设计原理与闪存 MP3 相比有明显区别①,尤其是微型硬盘的引入带动了相关技术的研发。首先,硬存 MP3 为了扩展存储空间,内置了微型硬盘,这就需要一定的硬盘存储技术;其次,微型硬盘需要电池驱动,因而需要相应的电池技术,并且保证电池与其他组件的兼容性;最后,类似于普通硬盘,微型硬盘必须具有抗震功能,这又要求厂商具有一定的机械设计能力,以确保产品的正常使用。在此情形下,国内厂商在闪存 MP3 的设计和生产中所形成的知识结构和技术诀窍很难适用于硬存 MP3,后者在前者的技术特性和系统功能的基础上进行了改进和扩展,硬存 MP3 更偏向于集成化技术架构。按照产品建构理论和镜像假设,集成化架构对应着封闭型组织,硬存 MP3 的设计和生产需要系统知识以及突破价值链各个环节的技术诀窍,原有的闪存 MP3 厂商虽然数量不少,个别厂商甚至具有一定的品牌优势和成本优势,但是单个厂商的已有资源和能力难以移植到硬存 MP3 的设计和生产中,企业普遍面临系统层面的创新困境,导致硬存 MP3 市场被国外厂商控制。

面对硬存 MP3 的集成化技术架构,国内企业不应该采用封闭型价值网络,不应该以单个企业的知识储备和技术能力去应对系统创新瓶颈,因为单个企业难以在短期内具备从闪存 MP3 过渡到硬存 MP3 所需要的系统创新能力,尤其是从模块化架构到集成化架构的创新能力。在这种情形下,企业应该力图从封闭集成型建构向开放集成型建构过渡,单个 MP3 厂商应当将核心能力集中于产品价值链的特定环节,针对硬存 MP3 某一部件开展定向研发,充分运用已有的模块知识在硬存 MP3 价值链特定环节形成独特的技术能力和资源配置能力,同时与国内同行企业开展价值分工协作,建立开放式产品内分

①　闪存 MP3 和硬存 MP3 的主要区别是存储介质不同,在综合性能方面各有优点。闪存 MP3 体积较小,防震性好,不易发生数据损坏,但存储容量有限;硬存 MP3 存储容量大,如苹果 iPod classic 3 MP3 和爱欧迪 X7 MP4 的存储容量可达 160G。

工网络,通过集体协议方式完成系统整合,利用分工协作突破系统创新困境,打造具有国际竞争力的国内价值链。

对于绝大多数模块供应商来说,产品技术架构是既定的,模块供应商由于缺乏系统创新能力,难以对产品技术架构作出改变,一般只有技术实力强大的行业领导者才有可能对已有产品技术架构进行调整和创新,并且将新的产品架构作为行业标准固定下来。但是并非只有技术因素对产品架构具有决定作用,市场因素同样对产品架构具有一定程度的决定作用,模块供应商并非只能接受既定的产品技术架构,抑或是只能选择与既定产品技术架构相匹配的产品价值网络组织形式,而是可以基于对本土市场需求的探索,作出对已有产品技术架构的改进和创新,以此作为获取产品建构优势,进而实现企业能力升级和产业升级的另一种路径。

国内模块集成商可以采取适宜的策略来应对两种产品建构陷阱。如图7-5 所示,按照模块企业所拥有的建构知识和部件知识两个维度对模块企业的成长和模块化陷阱的演化进行阶段划分。在发展阶段 1,模块企业处于技术能力成长的初级阶段,所拥有的建构知识和部件知识比较匮乏,企业根据已有的产品技术架构选择生产组织形式,这种建构知识对企业来说是一种显性知识,知识的获取比较容易,学习成本较低。企业通过外购模块并进行模块操作的方式来形成产品价值,由于行业进入壁垒较低,因此市场上聚集了大量的模块企业。在发展阶段 2-1,一部分企业发展出了关于一般模块的自有知识,根据本土市场需求对产品外形和非核心模块作出了改进,甚至提高了专用模块的价值比率,强化了专用模块的功能,同时采购核心模块,由此形成了产品一定程度的差异化。但是企业仍然缺乏独特建构知识以及核心模块知识,面临被锁定在价值链中低附加值环节的风险,即模块化陷阱 1。在发展阶段2-2,一部分企业在理解本土市场的基础上发展出了独特建构知识,形成了差异化的产品技术架构,同时外购模块,然而这种建构创新是不稳定的,企业缺乏对价值链各个环节的有效控制,存在系统创新瓶颈,即模块化陷阱 2。对于处于发展阶段 2 的企业而言,有必要突破部件知识或建构知识的约束,加大自主创新力度,获取自有部件知识或独特建构知识,实现向发展阶段 3 的过渡,跨越模块化陷阱,形成独特建构与自有部件的结合,进而实现企业技术能力提升和产业升级。

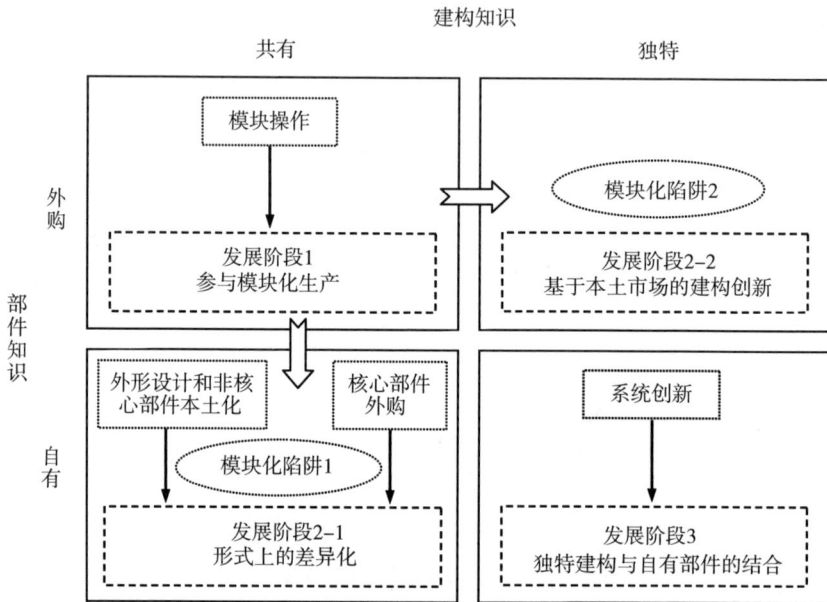

图 7-5　中国式模块化陷阱的跨越路径

资料来源:宋磊:《中国版模块化陷阱的起源、形态与企业能力的持续提升》,《学术月刊》2008 年第 2 期,第 88—93 页。

结合模块化理论和产品建构理论,在模块化技术架构下,企业应当选择建立封闭型组织,形成组织内部的虚拟价值链,增大技术研发强度,加强与价值链上下游先进企业之间的战略合作和知识交流,注重自身知识吸收能力和知识转化能力的培育,努力向其他产品价值网络的相同或同类价值链跃迁,打破价值链中低附加值环节锁定状态,使企业能够在产品价值链高附加值环节建立技术优势。在集成化技术架构下,企业应当选择建立开放型组织,充分利用产品价值链各个环节的知识和技术资源,加强与从事价值链不同环节活动的模块企业的联系与合作,在保持个体独立性的前提下构建企业之间的垂直整合价值体系,逐个突破价值链各个环节的知识和技术瓶颈,进而在价值链分工协作的基础上形成系统创新能力。

产品建构理论的现实意义还在于,产品技术架构和产品价值网络组织形式都是相对的,特别是选择适宜的产品价值网络组织形式时,绝对的封闭型组织或开放型组织都是不可取的,企业必须确定价值网络关联度的均衡值,否则会对产品建构优势的形成带来负面影响。无论是在系统界面耦合度较低的模块化架构下选择价值网络关联性较高的相对封闭型组织,还是在系统界面耦合度较高的集成化架构下选择价值网络关联度较低的相对开放型组织,各种介于市场制与科层制之间的中间性组织可能是一种合理的选择,战略联盟、虚拟企业、供应链协作、产业集群、创新共同体等都属于这类中间性组织。对于模块企业来说,中间性组织兼有市场制和科层制的优点,既可以灵活利用企业外部资源,建立和加强与其他创新主体之间的知识交流和战略合作,又可以保持一定的组织独立性和内部知识循环,通过对价值网络关联度的适时调整,使产品价值网络组织形式动态地适应产品技术架构,实现二者匹配度对企业技术能力成长和产业升级的促进。

三、利用再集成实现价值链高端嵌入

对于中国从事中低技术含量价值创造活动的制造业而言,产业升级的普遍含义是实现向全球价值链高附加值环节的攀升。然而,由于中国大量代工企业已经嵌入模块化生产网络,拥有价值链收益分配权的主导企业具有充分的激励通过再集成方式来增大自身收益占价值链总收益的比例,导致作为功能模块供应商的一部分代工企业落入模块化系统的再集成陷阱,使功能模块供应商面临被排挤出模块化全球生产网络的风险。显然,发达国家主导企业的再集成行动阻碍了中国制造业在模块化分工网络中的产业升级,但是这并不意味着参与模块化分工的中国制造业就此无法实现产业升级。再集成不仅

是一种产业升级陷阱,也是一种产业升级机会。中国制造业的升级路径在于利用模块再集成带来的发展契机,推动外围模块的跨越式成长,调整模块供应商在模块化价值链中的线性升级轨迹,突破模块化全球生产网络的低端锁定状态,实现全球价值链的高端嵌入。

1. 模块的技术势能

技术复杂度和技术前景是决定产品技术含量的主要因素。技术复杂度原本可以用构成产品的元件数量来表示,但是在模块化产品价值形成过程中,产品设计和生产的主要对象是模块而非元件,因而模块化产品的技术复杂度可以近似地用模块数量来表示,模块数量越多,意味着产品架构越复杂,需要涉及的技术种类也就越多。技术前景反映了产品所承载技术的先进程度以及技术所处的某个技术周期的阶段,然而模块化产品系统中的不同模块处于不同的技术周期或同一技术周期的不同阶段,因此严格来讲,一个模块化产品的技术前景是难以确定的。实际上,模块化产品系统的技术前沿性集中体现在核心功能模块上,亦即核心功能模块所承载的技术在很大程度上决定了产品系统的技术先进性,因而可以用核心功能模块的技术前景近似地表征模块化产品的技术前景。

模块化产品所取得的收益不仅依赖于技术复杂度和技术前景,还取决于产品价值形成过程所嵌入的模块化价值网络。模块化价值网络的结构决定了模块企业之间的关系属性,进一步地,网络结构的合理性对模块化价值网络中各个主体之间的分工协作水平具有一定的正向效应。显然,分工协作水平作为一种内生变量,对模块化价值网络的整体收益具有正向效应,单个模块化产品或模块企业的收益同样离不开分工协作网络的支持。此外,个体收益和网络整体收益都受到模块化价值网络所在的区域经济社会系统的影响(杨水利等,2014)。

由此可见,技术复杂度、技术前景和分工协作水平对于模块的技术优势具有重要影响,可以将三者的交互作用定义为技术势能,用以表示一个模块对于另一个模块(或其他模块)的技术优势,即模块之间存在技术势能差。

2.再集成的类型

一般而言,一个模块化系统中的各个模块所包含的技术类型和特性不同,因此不同模块通常具有不同的技术势能。从技术势能差和再集成发生的概率来看,可以将模块之间的再集成分为三种类型,分别是核心模块集成外围模块,外围模块集成外围模块,同种模块的再集成(杨水利等,2014)。其中,前两种类型属于异种模块的再集成。

第一种类型,核心模块集成外围模块。核心模块具有更复杂的内部结构,依托更先进的技术,因此在分工协作水平既定的条件下,核心模块的技术复杂度远高于外围模块,核心模块与外围模块之间形成了较大的技术势能差,再集成的发生概率很高。从再集成的动机来看,核心模块注重的是外围模块的技术前景,如果外围模块的技术前景很好,同时外围模块的技术复杂度很低,再集成不会给新模块带来很高的技术复杂度,但是会给新模块带来很大的技术势能,最终结果是模块的技术势能明显上升,这正是核心模块实施再集成的原因。从再集成的过程来看,由于外围模块的技术复杂度较低,再集成之后形成的新模块的技术复杂度与原来的核心模块的技术复杂度差别不大。由于核心模块与外围模块之间存在很大的技术势能差,系统集成商在已经掌握了一定的核心模块知识的情况下,外围模块知识很容易被系统集成商所掌握,系统集成商能够比较容易地跨越外围模块的技术门槛,进而用新技术替代外围模块的技术,或是并购外围模块,由此外围模块被排挤出模块化价值网络,或是失去独立性。显然,核心模块集成外围模块是最常见的再集成现象。

第二种类型,外围模块集成外围模块。外围模块的技术势能较小,技术复杂度较低,外围模块之间的技术势能差也较小。从再集成的动机来看,一个外围模块对另一个外围模块发起再集成行动的动机仍然在于技术势能的增大,仍然看重的是目标模块的技术前景而非技术复杂度。从再集成的过程来看,由于外围模块的技术复杂度较低,因此对外围模块的集成不需要很强的技术能力。但是发起再集成的外围模块由于知识储备不足,技术能力有限,因此对技术复杂度的增加比较敏感,这样一来,外围模块集成外围模块的难度和成本很高,再集成的技术门槛对于外围模块来说并不容易达到。实际上,外围模块会选择适合自身技术状况的集成对象,也就是那些技术复杂度不高但技术前景较好的模块,而且要选择刚刚取得技术突破,技术趋于成熟的模块,这种模块的知识对于外围模块来说是有可能掌握的,外围模块能够通过学习、消化、吸收、积累关于集成对象的知识,提升自身技术能力,跨越再集成的技术门槛。

第三种类型,同种模块的再集成。异种模块的再集成涉及不同功能的模块,而同种模块的再集成涉及相同功能的模块。尽管同种模块实现相同的功能,但是在细节设计和技术参数方面存在一定的差异,体现为同种模块具有不同的技术前景,也就是同种模块存在技术势能差。从再集成的动机来看,同种模块的再集成本质上是不同技术参数的集聚,此类集聚一般不会带来技术复杂度的增加,但是会带来技术前景的上升,其结果自然是技术势能的增加,再集成之后的新模块具有更大的技术优势。从再集成的过程来看,同种模块通常拥有相同或高度相似的知识和技术,生产相同功能的模块,甚至隶属于同一个系统。虽然同种模块存在技术势能差,但是同种模块市场具有垄断竞争特征,系统集成商选择模块的标准是,在功能要求既定的前提下,哪些模块能够更好地实现功能。可见技术势能差对同种模块再集成的影响微乎其微,加之再集成的技术门槛较低,因此同种模块的再集成较为普遍。

3. 价值集聚与模块升级

在模块化分工网络中,一般意义上的产业升级本质上是一种纵向升级,即模块企业实现从价值链低附加值环节到高附加值环节的攀升。然而,再集成的出现使本来已经落入产品建构陷阱的模块企业雪上加霜,产品建构陷阱迫使模块企业被锁定在价值链低附加值环节,更严峻的是,再集成导致模块企业面临被淘汰出模块化分工网络的风险。然而,再集成不仅是一种模块化陷阱,同时也是一种产业升级路径。

再集成不仅合并了原有模块的技术势能,而且产生了技术集聚效应,使新模块的技术势能大于原有模块的技术势能之和。在模块化价值网络中,模块技术势能的增加意味着模块价值的增大,技术集聚导致价值集聚,再集成形成的新模块的价值大于原有模块的价值之和。可见,模块企业能够通过再集成产生价值集聚效应,提升模块价值,由此开辟一条向价值链高附加值环节攀升的路径。某一模块技术势能的增加会使该模块与其他模块之间的技术势能差增大,这无疑降低了该模块对技术复杂度的敏感度,从再集成视角来说,其他模块对于该模块的技术门槛也降低了,这样就大大提高了该模块发起再集成行动的可能。价值集聚效应不断得到强化,模块价值不断得到提升,再集成就会成为一种可持续的产业升级路径。

模块供应商在价值链低端环节的再集成并不能顺利实现向价值链高端环节的攀升,而是必须逐步嵌入价值链高端环节。一般而言,一个产品价值网络存在一条发挥系统集成作用的主价值链,还存在多条承担一级模块分工任务的次价值链。以计算机产业为例,整机设计与集成相当于主价值链,CPU、显示器、主板、硬盘、内存、电源等部件的设计与生产相当于各个次价值链。产品价值网络中的绝大多数外围模块供应商位于各个次价值链的中低附加值环节,显然,外围模块供应商不可能在起步阶段就把升级目标确定为主价值链的高附加值环节。次价值链虽然不承担整机设计与集成,但是承担了各个核心组件的设计与生产,外围模块供应商首先应该瞄准次价值链的高附加值环节,通过再集成在次价值链中低附加值环节形成价值集聚,增大技术势能,扩大价值影响,拓展创新空间。其后在不断学习和积累核心模块内部知识以及外围模块与核心模块接口知识的基础上,尝试利用再集成贴近次价值链中的核心模块,逐步嵌入次价值链的高附加值环节。

需要强调的是,模块升级没有必要一味遵循纵向升级路径。尽管外围模块供应商通过次价值链中的再集成有机会攀升到高附加值环节,但是这依然是一种比较单一的产业升级路径,面临较大的升级风险。类似于主价值链,次价值链的链主企业同样会对作为链节企业的外围模块供应商进行压制和封锁,即使外围模块能够形成一定的价值集聚,也并不容易实现技术距离的跃迁。然而,一条次价值链并非从属于一个产品价值网络,不同产品价值网络的次价值链存在交集,作为次价值链链主企业的核心模块供应商可能服务于多个产品价值网络。在这种情形下,外围模块供应商可以进行横向升级,通过再集成向其他产品价值网络拓展,融合其他产品价值网络中的模块价值,拓展模块创新的空间。这样不仅可以降低模块在单一价值链中的资产专用性,对冲主价值链链主企业的压制和封锁,而且可以寻求多个价值网络的升级机会,降低单一路径的升级风险。

此外,由于不同价值网络提供不同的产品功能,不同价值网络的次价值链提供不同的模块功能。如果一个价值网络的模块集成了其他价值网络的模块,相当于将其他价值网络的模块功能引入了现有价值网络,这样必然引致现有价值网络的系统规则的修改,甚至导致系统功能紊乱,因而这种异种模块再集成行动很可能遭到现有系统的打压和排斥,造成模块升级失败。鉴于此,模块供应商不应该盲目地将其他产品价值网络的功能引入现有产品价值网络,而是应该利用同种模块再集成首先扩大在现有产品价值网络中的技术势能和价值份额。其次重点关注不同产品价值网络中执行相同或相似功能的模块,即不同产品价值网络中的共用模块,详细分析不同产品系统对共用模块功能技术参数的要求及模块的个性化特征。然后在考虑同种模块的不同功能技术参数的基础上,利用同种模块再集成创造出能够用于两个或多个产品系统的共用模块,由此实现跨越不同产品价值网络的横向升级,相当于利用同种模块再集成嵌入了其他产品价值网络,这种价值集聚以及知识和技术积累对于进一步向价值链高附加值环节攀升而言是一种必要的铺垫,嵌入不同的价值网络不仅能够在一定程度上削弱单一系统的控制,而且也增加了产业升级的机会。

对于模块供应商来说,无论是异种模块再集成还是同种模块再集成,选择合适的集成对象至关重要。一般而言,外围模块供应商应该选择技术复杂度较低的集成对象,原有模块与集成对象之间存在较大的技术势能差,这样新模块的技术复杂度接近于原有模块的技术复杂度,集成对象的技术门槛不至于过高。另外,集成对象所处的技术周期阶段决定了其技术前景,处于技术周期萌芽阶段的模块具有较好的技术前景。因此,为了使新模块具有较大的技术势能和明显的技术集聚效应,应该选择技术复杂度不高、技术前景较好、潜在价值较大、业务关联性较强的模块作为再集成对象。

四、强化"外围—核心—系统—核心"的突破创新

从产业组织视角来看,产业模块化创新机制包括模块创新机制和标准创新机制。如图7-6所示,模块创新的主体包括模块集成商和模块供应商两种角色。模块集成商居于系统的主导地位,同时有可能控制核心模块;模块供应商依据其在模块化分工网络中的地位和重要程度大致分为核心模块供应商和外围模块供应商,因此,模块创新也可以分为核心模块的创新和外围模块的创新。标准是所有模块必须遵守的接口协议和共同认可的技术规范,在一定程度上反映了模块化生产网络形成和运行所遵循的系统规则。因此,标准创新本质上是系统规则的创新,系统规则一般由模块集成商制定,一些实力雄厚的核心模块供应商有时也在系统规则的形成中发挥重要作用。产业模块化突破创新实际上是对核心模块或系统规则进行局部或整体的突破创新,一般而言,模块化突破创新包括三种路径。

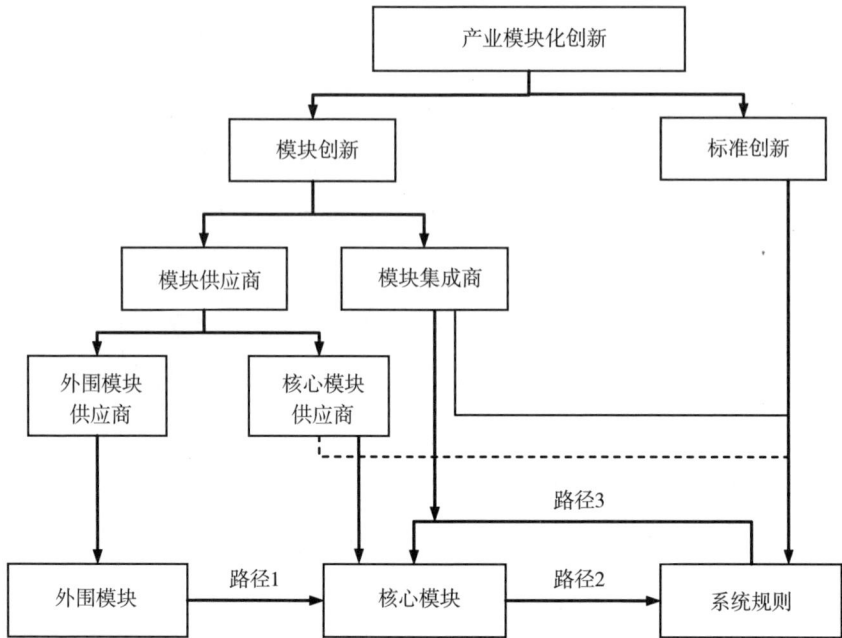

图 7-6　模块化突破创新

1."外围模块—核心模块"路径

国内制造业代工企业参与模块化分工网络的初始角色通常是外围模块供应商,大量中小企业和初创企业由于资本实力和技术能力非常有限,只能为发达国家跨国公司和国际大买家从事低附加值的外围模块生产活动。如果要扭转这种不利局面,首要路径就是实现外围模块到核心模块的突破。如图 7-7 所示,该路径可以分为三个阶段。

第一阶段,外围模块供应商考虑自身现有技术的延伸方向和战略意图,一般来说,指向高附加值环节的核心模块的技术延伸需要了解核心模块在产品系统中的地位和作用,尤其是核心模块的内部知识,也就是关于核心模块的隐性知识。显然,这种隐性知识的学习成本对外围模块来说很高,存在难以逾越的知识鸿沟。因此,外围模块应该按照比较优势原则选择与自身技术联系密

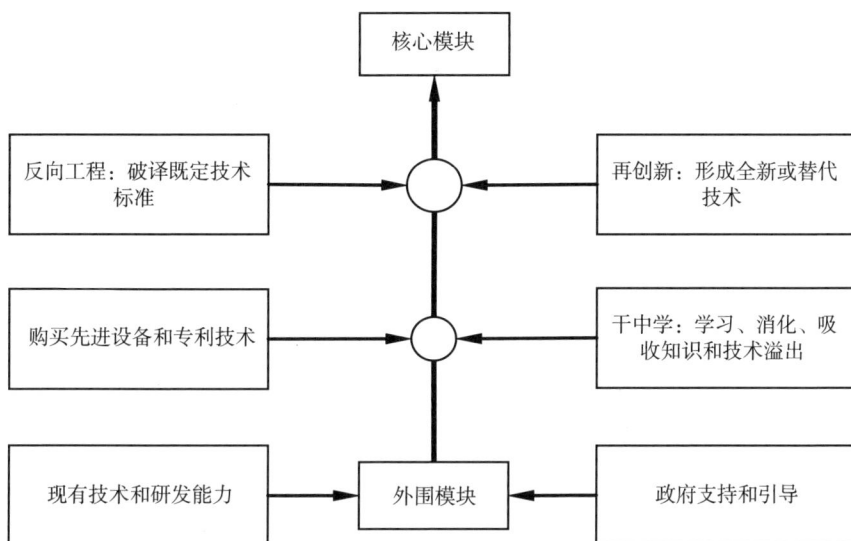

图7-7 "外围模块—核心模块"路径

切的核心模块作为升级目标,或者说,最好选择产品技术距离较小的核心模块作为目标,以便将技术跃迁成本控制在能够承担的范围之内。外围模块与核心模块的技术关联凝结在关于模块连接的显性知识中,显然,这种显性知识对外围模块来说是不难获取的。与此同时,政府应当为模块供应商提供一定的政策支持和产业引导,从平台搭建、招商引资、税费减免、土地供给、人才储备等方面为外围模块供应商创造良好的成长环境,特别是要促进外围模块供应商与核心模块供应商之间的交流与合作,帮助外围模块供应商降低核心模块隐性知识的学习成本。

第二阶段,外围模块供应商的知识获取是在生产活动中实现的,外围模块供应商仍然要投入资金,购买先进设备和专利技术,从原始设备制造起步,生产符合系统集成商和品牌商要求的产品。由于具有了一定的知识基础和战略意图,外围模块供应商能够通过"干中学"继续获取和深化关于系统规则的知识,对于系统规则的深入理解也有利于企业提升外围模块的质量和性能。需要注意的是,"干中学"效应产生的内部条件主要是企业的吸收能力,而吸收能力是长期学习和交流的结果。"干中学"的正向效应体现为模块企业对知识溢出和技术溢出的学习、消化和吸收,这种知识既包括属于显性知识的系统架构知识,也包括属于隐性知识的一部分核心模块知识。这里的系统架构知识主要是指目标核心模块的地位和作用以及企业所承担的外围模块与目标核心模块之间的联系方式,目标核心模块的内部知识很难获取,但并非没有机会。一些系统集成商不仅制定和主导系统规则,通常也承担或控制了部分或全部核心模块的设计和生产,因此,外围模块供应商在与系统集成商的合作中是有可能接触到核心模块知识的。

第三阶段,外围模块供应商在具有了充足的知识积累和管理经验的情况下,可以通过反向工程对目标核心模块进行剖析。反向工程一般是对竞争对手的产品进行分解以了解其运作原理,为产品各项功能提供衡量标准。通过反向工程,企业可以针对竞争对手的实际情况制定产品开发的策略和标准,进而开发出相应产品。对外围模块供应商来说,目标核心模块供应商就是未来的竞争对手,实行反向工程的目的就在于理解和破译目标核心模块所包含的技术标准,将技术标准分解为与各项功能对应的细分标准,这相当于为以后推出市场的核心模块制定技术标准。在核心模块创新频率很高的情况下,外围模块供应商可以首先通过模仿创新进行核心模块设计和生产的尝试,其后在模仿创新成功的基础上进行再创新,采用全新技术或替代技术生产核心模块,实现从模仿创新到自主创新的突破,完成从外围模块到核心模块的升级。

2."核心模块—系统规则"路径

虽然核心模块在产品系统中的作用是举足轻重的,但这并不意味着核心模块的价值大于系统整合的价值。例如,飞利浦公司曾经承担 iPod 的音频解码器的设计和生产,然而飞利浦公司在 iPod 市场价值中所获得的利润份额远小于苹果公司。可见,如果排除核心模块供应商与系统集成商是同一个企业的情况,那么核心模块供应商依然受到系统集成商的主导和控制,因此,核心模块供应商同样面临升级压力。如图 7-8 所示,核心模块的升级目标是系统集成,企业最终能够掌控系统规则的制定和修改,该路径分为两个阶段。

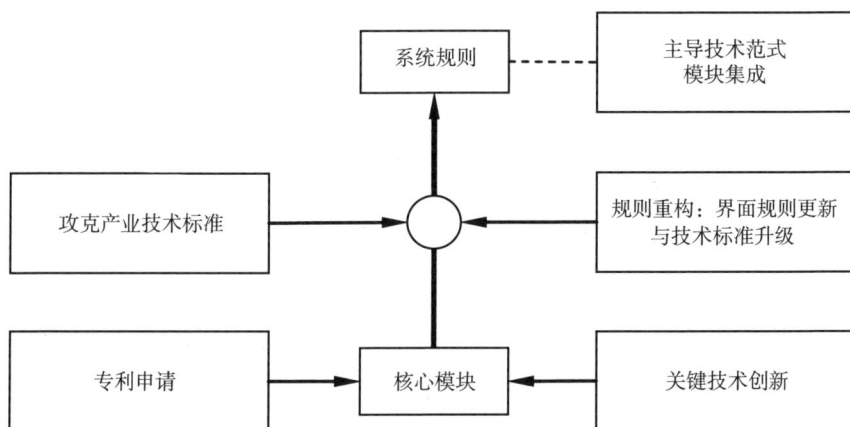

图 7-8　"核心模块—系统规则"路径

第一阶段,虽然核心模块供应商的目标是成为系统集成商,但是首要任务是巩固和强化所持有的核心模块的价值。一方面,通过核心模块的创新推动产品系统中关键技术的创新,产品关键技术往往包含了核心模块的相关技术。例如,计算机产品关键技术变革必然包含硬盘存储技术的重大变革,固态硬盘对机械硬盘的替代大大提高了数据读写速度,提高了硬盘存储效率,由此也就提高了计算机运算速度,使计算机性能得到显著提升。另一方面,利用专利对取得的关键技术突破进行知识产权保护,这样不但可以最大限度地防范他人对技术创新成果的抄袭、冒用和模仿,而且可以通过专利许可和使用来获得一定的收益,从而巩固和强化核心模块在系统中的地位和作用,为产业标准创新奠定基础。

第二阶段,核心模块供应商要通过一系列产业技术标准的创新来重新构建系统规则。在模块化系统中,模块之间的接口要符合行业技术标准,而核心模块之间的接口标准通常是核心模块供应商甚至系统集成商展开竞争的焦点,这不仅仅是因为这种接口标准决定了核心模块之间的连接方式,更重要的是接口标准对系统功能具有显著影响。

例如,在影像传输领域,1999 年出现的以晶像公司的 PanalLink 接口技术为蓝本的数字视频接口(Digital Visual Interface,DVI)能够高效地实现数字化视频信号的传输。但是,数字视频接口存在一些弊端。比如,数字视频接口主要适用于个人计算机,对平板电视的兼容性不够好;数字视频接口的接口体积过大,存在效率损失;数字视频接口只能传输数字视频信号,无法支持数字音频信号;数字视频接口缺乏对影像版权保护的支持。2002 年,松下、索尼、东芝、日立、飞利浦、晶像、汤姆逊七家公司组建了高分辨率多媒体接口(High Definition Multimedia Interface,HDMI)组织,发布了高分辨率多媒体接口技术标准。相比数字视频接口,高分辨率多媒体接口可以兼容个人计算机和平板电视,接口体积较小,连接方便,同时支持数字视频信号和数字音频信号,只用一根线就可以实现视频信号和音频信号的传输,而且支持影像版权保护。当然,相对于 1987 年出现的视频图形阵列(Video Graphics Array,VGA),高分辨率多媒体接口具有更大的优势,只是尽管视频图形阵列技术已经过时,但是依然得到 IT 设备制造商的广泛支持,依然是影像传输领域的通用标准。

由此可见,模块化系统中关键接口技术标准的创新能够显著改善系统功能,关键接口技术不仅反映了核心模块之间的互连方式,而且包含了核心模块之间的知识联系和决策依赖。核心模块供应商有必要参与并主导关键接口技术标准的制定和更新,力求将自己的产品技术标准上升为产业技术标准,突破现有产业技术标准,冲击现有系统架构规则,引发和主导系统架构规则的重新构建,从系统层面对产品功能进行整体升级。一般而言,系统集成商不仅主导着系统规则的制定和修订,而且控制着某些核心模块的价值链。因此,核心模块供应商要想升级为系统集成商,必须既要主导系统的各类技术范式,以便进行模块集成,还要逐步了解核心模块的内部结构,以便控制核心模块的价值形成过程。

3."系统规则—核心模块"路径

尽管系统集成商负责模块整合,拥有模块化系统的绝对领导权,同时获取系统中最高比例的市场收益,然而成为系统集成商并不意味着企业升级的完结,一些系统集成商的再集成行动恰恰说明了模块化分工价值网络中的充分竞争局面对系统集成商形成了一定的技术压力和市场压力,系统集成商可能会主动采取再集成方式将原本属于某一核心模块的功能并入系统功能,导致原来的核心模块对于系统来说失去了价值,由此将原来的核心模块排挤出产品系统。如图7-9所示,系统集成商通过再集成替代或并购核心模块供应商的过程可以分为两个阶段。

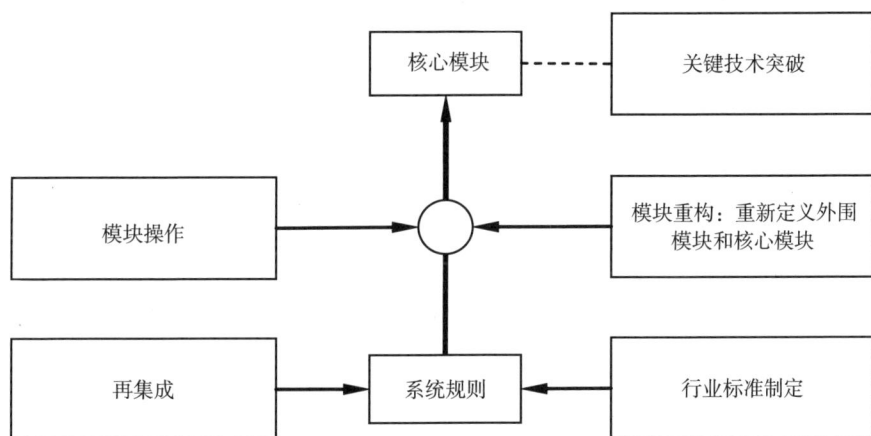

图7-9 "系统规则—核心模块"路径

第一阶段,系统集成商在制定系统架构规则的同时,制定各类重要接口的技术标准,重要接口一般都与核心模块有关,有可能是核心模块接入系统的界面标准,也有可能是核心模块之间相互连接的界面标准。实力雄厚的世界级系统集成商往往具有制定行业技术标准的能力,这一类系统集成商对核心模块的控制能力更强。因此,成功实施再集成行动的系统集成商通常是那些对产业格局具有重大影响力的价值链领导企业。从再集成的过程和结果来看,系统集成商一般采取两种方式实施再集成。一种是系统集成商通过自主研发,将原来某一核心模块的功能转变为系统自带功能,新功能可以替代原来的功能,甚至比原来的功能更有优势,相当于系统集成商用自主研发成果将核心模块供应商排挤出模块化分工网络。另一种是系统集成商通过并购,将某一核心模块变为自己的产品,这样虽然核心模块失去了独立地位,但是相比第一种方式,被并购的核心模块供应商的结果要好得多。

第二阶段,系统集成商完成再集成之后的工作主要是通过模块操作对模块边界进行调整,重新构建模块之间的关系,以及重新定义外围模块和核心模块。系统集成商按照再集成形成的新的模块边界要求,通过分割、替代、扩展、排除、归纳、移植六种模块操作对模块边界进行调整,在打破原有模块边界的基础上,重新考虑模块之间的组合方式,重新规定外围模块和核心模块的地位和作用。

需要强调的是,首先,从系统规则到核心模块的路径严格来说不是企业升级过程,但是对于模块化分工价值网络来说,再集成现象是模块化系统的一次重大变革。再集成对系统层面的架构规则和模块层面的边界大小都产生了深刻的影响,但是再集成对系统功能的影响很小,一般用户甚至感觉不到这种影响,就像计算机主板集成了显卡功能,对于低端用户而言,这种集成显卡与独立显卡的差异是很难觉察到的。然而对于被卷入再集成行动的模块来说,再集成的影响是显而易见的。

其次,再集成本质上是系统集成商的一种主动整合行为,具有后向一体化的特点,体现了系统集成商强化价值链控制力,巩固自身市场地位,提高自身收益占比的战略意图。再集成现象说明了模块化与集成化是矛盾统一的,不存在绝对的模块化或集成化,在特定情形下,模块化与集成化可以相互转化。

最后,虽然再集成之后的产品功能与再集成之前相比差异不大,但是产品成本明显降低了,这主要是由于系统集成商与模块供应商之间的交易成本被内部化了,使用户可以享受到价格降低的好处,从这个角度来看,再集成具有一定的市场前景。

"外围模块—核心模块—系统规则—核心模块"是一条连续、完整的模块化突破创新路径,是模块化创新推动产业升级的高阶要求。按照创新的层次和步骤,可以将模块化突破创新路径划分为三条首尾相连的路径,每条路径又分为若干阶段。企业应该依据内外部条件进行自我定位,选择适宜的升级路径。在模块化分工价值网络中,国内大多数代工企业的角色仍然是外围模块供应商,尚处于第一条路径,企业升级目标仍然是核心模块供应商,而产业升级目标是模块化价值链高附加值环节。因此,模块企业应该努力提升学习能力、知识吸收能力和技术能力,稳扎稳打地沿着模块化突破创新路径推进产业升级。

五、培育旗舰型模块集成商

与技术先进的先发国家不同,中国作为后发国家,在技术进步与市场拓展方面都有着巨大的发展阻力。长期以来,为追赶先发国家的步伐,中国遵循比较优势演化规律,充分发挥劳动力成本低廉、生产资源丰富等优势,积极融入全球价值链,使经济取得了快速稳定的发展。这种代工模式的成功源于模块化程度的不断提高,使原本复杂的产品在产品架构的指导下科学地分离为多个子模块,各个子模块内含的技术与知识相比完整的产品系统而言难度降低,给众多代工企业攻克其中的技术与知识提供了可能性,在创造经济收益的同时也促进了国内的技术创新。

但是一味地强调模块化可能会使企业陷入模块化陷阱,给企业和产业升级造成了一定的阻力。而且这种长期的代工生产使中国制造业在全球价值链中处于被动态势,低端锁定的现状使企业攻克其他子模块内部私有的技术与知识变得更为困难,稍有不慎更会陷入知识产权纠纷的泥沼之中,要想实现追赶发达国家的目标,大力推动技术创新必须与有效的市场扩张方式相结合,而模块集成为实现二者的紧密结合提供了一条新的路径。模块集成是一种不同于强调专业化分工的模块化思维模式,通过将原本独立的子模块进行适当的整合,产生了一个新的模块,使企业成为一种全新的模块企业,也就是说模块集成商。模块集成商需要投入大量的资源用以攻克模块集成过程中的技术难关,获得相关模块之间的界面规则甚至子模块内部相关的技术知识,从而为需求者提供一套完备的模块集成产品,降低交易成本,给予企业较大的利润空间。同时由于集成模块使下游行业进入壁垒降低,大批潜在进入者涌入市场,庞大的市场需求可以帮助模块集成商快速占领市场,获取更大的市场份额。

近年来,中国企业不断加大创新投入力度,其中鸿海、联发科、华为、比亚迪等企业在一些领域取得了不少研发成果,占据了一定的市场份额,俨然成为国内的明星企业,但相比发达国家的知名企业如苹果、三星等仍有一定差距,根源在于国内缺少能够掌控市场的旗舰型模块集成商。

培育旗舰型模块集成商有助于提高中国的经济实力和国际影响力。一个国家的旗舰型企业在某种程度上可以成为该国家的一张名片,企业的文化、价值观将成为一国文化的缩影,一个优秀的企业所展现的企业形象将在一定程度上代表国家形象,不仅提高了我国的经济实力,更重要的是提高了我国的国际影响力。培育旗舰型模块集成商,有助于企业占领更大的市场份额,保持可持续的竞争优势。首先,模块集成使企业掌握了更多的功能模块知识以及学习曲线,都将成为企业持续发展源源不断的动力;其次模块集成所带来的巨额收益为企业的发展奠定了基础,无论是持续的研发投入或市场扩张,都有强大的资源支撑;再次,具有品牌效应的模块集成商的行为更容易被市场所接受,成为资本追逐的目标,应对市场风险的能力得以提高;最后,培育旗舰型模块集成商也会对社会的发展产生一定的正外部性,在创造就业、增进福利、投身公益等方面均有一定的积极影响。

培育旗舰型模块集成商是一项极具挑战性的工作,对企业的资本、技术、能力等方面均提出了较高的要求,不仅需要企业持之以恒的努力,也需要政府的积极推动。比如加大创新投入力度,营造良好的创新氛围;完善相应的法律法规,创造更为公平的竞争环境;积极与发达国家加强贸易往来,为国内企业与国外知名企业创造良好的交流机会;进一步推动产学研的紧密合作,注重创新的实用性。国内一些代表性企业所做的努力为培育旗舰型模块集成商提供了具有丰富价值的参考路径。

H 公司起步于电视机部件的生产,后逐渐参与计算机部件的代工业务,并沿着价值链逐渐向两端延伸,从从事收益低微的价值链中间环节的组装工作不断发展成为集研发、物流、售后等高附加值业务于一体的综合企业,现已成为全球 3C 代工领域的佼佼者,更是多个世界级 IT 企业的合作伙伴。回顾其成功的发展历程,前期主要以成本领先战略为主,通过大量购买国外先进设备提高生产效率与产品质量,降低生产成本,为后期的研发投资以及资本扩张提供了大量的资金支持,同时也对潜在进入者形成进入壁垒,从众多代工企业中脱颖而出。随后逐渐向价值链两端延伸,以降低交易成本从而获取更大的收益。

H 公司通过内部研发与外部并购相结合的方式,实现了部分子模块的集成,摆脱了对供应商的依赖,并通过完善的信息系统,迅速掌握全球专利更新状况,通过研发或者购买的方式实现与企业技术相关专利的私有化,确保企业所涉技术的前瞻性,保证企业可持续的竞争优势,成功实现了向价值链上游的延伸。并通过一系列运营举措以及在物流、服务等方面的努力,争取实现"零库存"甚至"负库存",以保障客户较快地拿到产品投入下阶段生产与最终销售,避免客户因为零部件价格的变化而承担相应的风险,提高了快速响应客户需求的能力,实现了向价值链下游的延伸。H 公司通过技术创新不断驱动模块集成的步伐,成功实现了向价值链上下游的延伸,提高了市场占有率,为企业创造了巨额经济效益的同时,专利拥有量突破 2 亿件,成为名副其实的科技强企,同时也不忘积极履行社会责任,为推动中国经济发展和社会进步作出了积极贡献。

H 公司的成功为中国培育旗舰型模块集成商提供了一条可行路径,即

"资本积累—技术积累—价值链延伸"。企业可以将现有业务通过差异化、成本领先或者集中化的方式做大做强,实现大量的资本积累,为后续的价值链整合提供支持,其中最为重要的就是要培育良好的模块整合能力。这需要企业确定将哪些模块整合更为合适,判断该模块整合行为是否可行,一些技术难关是否可以攻克,攻克方式并不局限于内部研发,也可以通过并购、专利授权等方式获取相关技术。

K 公司成立于 1997 年,始终坚持以人为本,致力于为客户提供更优惠、更便利、更优质的产品和服务,其在手机芯片领域具有显著的影响力。起初,中国手机芯片行业几乎被国外技术先进的手机芯片企业垄断,这些公司以高端市场为目标市场,所提供的高性能高价格的手机芯片远远不能满足中国庞大的市场需求。随着手机芯片技术的日益成熟,K 公司以低端市场为目标市场,运用其积累的模块集成技术实现了多功能的整合,其所提出的"交钥匙"解决方案使客户通过简单设计和外围零部件的组装就可以制造一部远低于相同配置价格的手机,从而大幅度降低了手机制造行业的进入壁垒,吸引了更多的客户,提高了市场占有率。同时这种便利的集成芯片也在一定程度上提高了产品的创新速度,得以快速响应市场需求,确保了其在低端市场的绝对竞争优势。

不同于中高端芯片市场的技术驱动,K 公司在成本驱动的价值导向下,通过对现有成熟模块的集成为客户提供一种新的集成模块,可以认为是一种新产品,快速占领了非主流市场——低端市场,并在发展过程中实现了技术积累与资本积累,逐步迈向中高端市场。简而言之,其成功路径为"占据非主流市场—技术积累—高端市场"。目前,K 公司在智能手机、平板电脑等多设备的芯片技术已经处于世界领先地位,是移动通信领域芯片的第二大供应商,发展前景广阔。

相对于 H 公司通过自主创新与模仿创新相结合的方式实现模块集成、价值链整合的方式而言,K 公司更多的是通过破坏性创新的方式,以模块集成创造新产品攻占非主流市场的方式,在行业内异军突起,成为国际知名芯片企业的抗衡者。虽然二者成长为模块集成商的路径不同,但其成功经验都表明要想成为旗舰型模块集成商,离不开持续的知识吸收和技术积累,同时也对企业管理提出了高层次的要求。旗舰型模块集成商的成长路径不仅需要模块企业具有前瞻性、敏锐的市场嗅觉、庞大的资源实力、良好的营运管理能力,也需要企业注重战略的计划性与应变性,组织文化、组织结构与组织战略的协调性等,对企业来说是一项挑战更是一个机遇。

结论与展望

  中国制造业参与模块化分工对全要素生产率和技术进步具有促进作用,但是对技术效率和规模效率具有阻碍作用。模块化分工能够提升全要素生产率,这表明模块化对行业生产率产生了正向影响,这一研究结论与模块化分工能够对生产率产生正向效应的结论是一致的。模块化分工促进了技术进步,由于技术进步反映了企业核心技术水平,因而这一结论不仅支持了模块化对提高企业生产率的重要性,而且为中国企业提升核心技术能力提供了产业组织方面的依据,即提高模块化分工水平。模块化分工阻碍了技术效率,可能的原因一方面是由于自动化程度的加深,企业内部的技术效率来源失去了员工学习能力的推动,另一方面是由于组织规模与模块化水平的不匹配导致的。模块化分工阻碍了规模效率,可能是由于组织规模过大,也可能是生产规模与模块化未能协同发展导致的。

  中国参与模块化分工网络获得了一定的技术溢出,促进了制造业技术创新能力的提升。模块化分工程度的加深有利于代工企业在产品技术和工艺流程上吸收新知识,提高生产效率和产品质量。然而,参与模块化分工在一定程度上抑制了国内制造业对研发活动的投入,形成了资源配置的"挤出效应"。在模块化价值网络中,中国制造业主要参与中低附加值环节,过多依赖价值链驱动者的知识和技术,对应投入的大量人员和经费主要集中从事中低附加值环节的生产活动,在创新领域研发资源投入不足。模块化水平的提升对各类专利产出均具有促进作用。然而,我国专利产出结构严重失衡,发明专利占专利总量的比例偏低,核心创新能力仍然有待提高。

模块化创新推动制造业升级的微观机制体现为模块化背景下的知识分工、组织重构和要素整合。模块化分工的本质是知识分工,模块化减少了技术创新对隐性知识的依赖,降低了隐性知识的学习成本。组织重构反映了技术模块化和产品模块化在组织层面的引致效应,即技术模块化和产品模块化引致了组织模块化,在组织层面通过建立项目小组来承担相应模块的研究与开发任务,镜像假设对这种映射关系进行了描述,组织模块化不可避免地成为模块化外延的重要组成部分,也成为模块化创新的一种组织保障。要素整合则融合了产业视角和空间视角,集中体现了不同产业、不同地区模块企业之间的分工协作方式和模块化生产网络的结构形式。

模块化创新推动制造业升级的中观机制体现为模块创新、标准竞争和集群演化。其中,模块创新和标准竞争属于产业视角的模块化创新机制。在模块化分工条件下,模块成为企业设计、生产和竞争的主要对象,模块创新也就自然取代产品创新成为创新的主要内容。标准化为模块化提供了产品设计的技术基础,而模块化过程中的知识创新和技术创新推动了标准化。集群演化属于空间视角的模块化创新机制,在模块化产业集群的演化进程中,垂直专业化生产组织模式下的企业边界是动态的、模糊的,企业边界和业务范围会根据环境变化在整合与外包之间不断调整,以便达到一体化与专业化之间的动态均衡,从而实现企业能力的持续进化,最终完成模块化产业集群的演化。

模块化创新推动制造业升级的宏观机制体现为开放创新和逆向创新,应该将开放创新和逆向创新作为国家发展战略来加以推进。开放创新的先进性使多个创新主体参与其中,实现了资源共享、智慧积累,创新的成本与风险被分摊,创新周期缩短,创新成果商业化的进程加快,产品更新换代迅速,更大程度上便利了大众生活,同时强化了企业的创新意识与竞争优势,为中国增强科技硬实力,摆脱发达国家对中国的技术封锁,实现产业升级,提高综合国力和国际话语权提供了一条可行路径。中国作为后发国家,应从战略上重视逆向创新,向企业普及产业创新理念,出台相应的政策来支持逆向创新,同时积极鼓励企业将逆向创新引入发达国家或地区。通过实施逆向创新战略,中国有望将后发优势转化为创新优势,提高国家在国际市场上的综合竞争力,进而提高国家在国际市场上的话语权,反过来为国内企业的发展提供良好的国际竞争条件。

　　模块化创新推动制造业升级的路径主要有五种并行路径。一是遵循比较优势演化规律。二是获取产品建构优势。三是利用再集成实现价值链高端嵌入。再集成是产品系统集成商扩大和强化自身优势的一种模块整合方式,是从模块化重回集成化的一种趋势。中国企业大多作为外围模块供应商参与模块化分工网络,必须在提高对技术演化和模块边界变动的敏感度的同时,积极从同种模块再集成入手,逐步实现价值链高端环节的嵌入。四是强化"外围—核心—系统—核心"的突破创新。模块企业在模块化分工网络中摆脱价值链低端锁定地位的突破创新路径是"外围模块—核心模块—系统集成—核心模块",实现这一路径的关键因素是企业技术能力的提升,同时又以企业学习能力、知识吸收能力的提升为前提。五是培育旗舰型模块集成商。中国制造业缺少能够掌控模块化价值网络和价值链的旗舰型模块集成商。旗舰型模块集成商的成长不仅需要模块企业具有前瞻性、敏锐的市场嗅觉、庞大的资源实力、良好的营运管理能力,也需要企业注重战略的计划性与应变性,组织文化、组织结构与组织战略的协调性等。

　　总体而言,仍然需要从理论和实证两个方面对已有研究进行扎实推进。

　　理论研究方面,第一,模块化创新推动制造业升级的机制各个组成部分尚未形成体系,不仅要研究同一层面组成部分之间的关系,还要研究不同层面组成部分之间的关系,使微观层面、中观层面、宏观层面的机制各个组成部分能够形成完整的体系。由此不但可以使模块化创新机制从零散化走向体系化,而且为模块化创新机制的构建与实施提供了充分的理论依据。第二,模块化创新的微观机制有待深入探讨,应当考虑企业层面的知识分工、模块操作和组织重构如何与产业或地区层面的模块创新、标准创新、集群演化和要素整合进行有效衔接,应该进一步考证技术模块化与组织模块化的关系。第三,进一步论证模块化创新推动制造业升级的五种并行路径的可操作性,同时探究其他可选择的路径,例如强化模块企业之间的知识和技术溢出效应,尤其是加强具有同等或相似技术能力的模块企业之间的合作和交流。

实证研究方面,第一,模块化分工水平的测度方法有待改进,虽然采用了工业增加值份额来表征模块化分工水平,但是这种近似方法会产生一定的偏差。由于原始数据的缺失,工业增加值数据收集存在较大困难,利用前期数据外推得到的工业增加值数据同样存在偏差,可能会影响到回归结果的可靠性。因此有必要对模块化分工水平的测度方法、数据收集和数据处理进行改进。第二,采用其他数量分析方法考证模块化分工与生产率、创新投入、创新产出等变量之间的非线性关系,目前的研究只分析了线性关系,可以将模块化分工水平滞后一期的二次项作为新的解释变量,或者引入新的解释变量,与模块化分工水平形成交互项,检验交互项的影响作用。另外,还可以运用门槛回归方法,选择合适的门槛变量,检验模块化分工水平对生产率、创新产出等变量的影响是否存在门槛效应。第三,除了现有回归模型中的控制变量之外,考虑选择更有效的控制变量,提高回归结果的可信度。第四,进一步提高面板数据回归模型的拟合优度和回归结果的稳健性,进行充分的稳健性检验。

参 考 文 献

［1］曹虹剑、贺正楚、熊勇清：《模块化、产业标准与创新驱动发展——基于战略性新兴产业的研究》，《管理科学学报》2016 年第 10 期。

［2］曹虹剑、张建英、刘丹：《模块化分工、协同与技术创新——基于战略性新兴产业的研究》，《中国软科学》2015 年第 7 期。

［3］曹虹剑、李睿、贺正楚：《战略性新兴产业集群组织模块化升级研究——以湖南工程机械产业集群为例》，《财经理论与实践》2016 年第 2 期。

［4］曹宁、任浩、喻细花：《模块化组织中核心企业治理能力的内涵与结构——以海尔集团为例》，《科技进步与对策》2015 年第 24 期。

［5］陈超凡、王赟：《垂直专业化与中国装备制造业产业升级困境》，《科学学研究》2015 年第 8 期。

［6］陈建军：《基于模块化和集群式创新融合的企业持续创新能力培育研究》，《科技进步与对策》2013 年第 15 期。

［7］陈玲、薛澜：《中国高技术产业在国际分工中的地位及产业升级：以集成电路产业为例》，《中国软科学》2010 年第 6 期。

［8］陈强：《高级计量经济学及 Stata 应用（第 2 版）》，高等教育出版社 2014 年版。

［9］陈钰芬、陈劲：《开放式创新：机理与模式》，科学出版社 2008 年版。

［10］程文、张建华：《中国模块化技术发展与企业产品创新——对 Hausmann - Klinger 模型的扩展及实证研究》，《管理评论》2013 年第 1 期。

［11］戴魁早：《中国高技术产业垂直专业化的生产率效应》，《统计研究》2012 年第 1 期。

［12］洪世勤、刘厚俊：《中国制造业出口技术结构的测度及影响因素研究》，《数量

经济技术经济研究》2015年第3期。

[13]胡晓鹏:《模块时代的产业组织:基于SCP范式的研究》,《中国工业经济》2007年第4期。

[14]黄茂兴、李军军:《技术选择、产业结构升级与经济增长》,《经济研究》2009年第7期。

[15]江心英、李献宾、顾大福、宋平生:《全球价值链类型与OEM企业成长路径》,《中国软科学》2009年第11期。

[16][美]卡丽斯·Y.鲍德温、金·B.克拉克:《设计规则:模块化的力量》,中信出版社2006年版。

[17]柯颖:《基于模块化的产业价值网治理与价值创新》,《软科学》2013年第12期。

[18]柯颖:《模块化三维框架:经济全球化背景下产业价值网形成与发展的战略选择》,《中国科技论坛》2014年第2期。

[19]柯颖、史进:《基于模块化三维框架的产业价值网形成与发展战略——以广西北部湾产业群为例》,《科技进步与对策》2015年第7期。

[20]李慧燕、李宏:《工序分工与中国制造业技术进步——基于随机前沿方法的分析》,《贵州财经大学学报》2014年第2期。

[21]李静、楠玉:《垂直专业化"挤出效应"与技术进步迟滞》,《国际贸易问题》2016年第11期。

[22]李平、狄辉:《产业价值链模块化重构的价值决定研究》,《中国工业经济》2006年第9期。

[23]李伟庆、聂献忠:《产业升级与自主创新:机理分析与实证研究》,《科学学研究》2015年第7期。

[24]梁军:《垄断、竞争与合作的聚合:产业标准模块化创新研究》,《天津社会科学》2012年第3期。

[25]林毅夫:《潮涌现象与发展中国家宏观经济理论的重新构建》,《经济研究》2007年第1期。

[26]刘磊:《国际垂直专业分工下的"中国—美国—东亚"贸易体系》,《当代经济研究》2014年第1期。

[27]刘洪民、杨艳东:《制造业共性技术研发协同知识链及知识流动模型——模块化协同视角的研究》,《科技进步与对策》2016年第9期。

[28]刘明宇、骆品亮:《基于长尾理论的品牌手机集成创新与山寨手机模块创新比

较研究》,《研究与发展管理》2010 年第 4 期。

[29]刘志彪、张杰:《从融入全球价值链到构建国家价值链:中国产业升级的战略思考》,《学术月刊》2009 年第 9 期。

[30]刘志彪:《长三角制造业向产业链高端攀升路径与机制》,经济科学出版社2009 年版。

[31]柳卸林、何郁冰:《基础研究是中国产业核心技术创新的源泉》,《中国软科学》2011 年第 4 期。

[32]吕一博、苏敬勤:《后发国家汽车制造企业技术能力成长路径研究》,《科学学研究》2007 年第 5 期。

[33]孟祺、隋杨:《垂直专业化与全要素生产率——基于工业行业的面板数据分析》,《山西财经大学学报》2010 年第 1 期。

[34]闵宏:《企业模块化理论的演进——一个文献综述》,《技术经济与管理研究》2017 年第 8 期。

[35]钱书法、周绍东:《产品内分工陷阱:马克思分工理论与产品建构理论的解释及其比较》,《经济学家》2010 年第 10 期。

[36][日]青木昌彦、安藤晴彦:《模块时代:新产业结构的本质》,上海远东出版社2003 年版。

[37]芮明杰、张琰:《产业创新战略——基于网络状产业链内知识创新平台的研究》,上海财经大学出版社 2009 年版。

[38]沈春苗:《垂直专业化分工对技能偏向性技术进步的影响——基于我国制造业细分行业的实证研究》,《国际贸易问题》2016 年第 2 期。

[39]沈于、安同良:《再集成:一种"模块化陷阱"——基于演化视角的分析》,《中国工业经济》2012 年第 2 期。

[40]史本叶、李泽润:《基于国际垂直专业化分工的中国制造业产业升级研究》,《商业研究》2014 年第 1 期。

[41]宋磊:《中国版模块化陷阱的起源、形态与企业能力的持续提升》,《学术月刊》2008 年第 2 期。

[42]谭力文、马海燕、刘林青:《服装产业国际竞争力——基于全球价值链的深层透视》,《中国工业经济》2008 年第 10 期。

[43]陶颜、周丹、魏江:《服务模块化、战略柔性与创新绩效——基于金融企业的实证研究》,《科学学研究》2016 年第 4 期。

[44]汪谷腾、龙勇:《知识模块化对联盟治理机制的影响——基于知识密集联盟的

实证研究》,《经济与管理研究》2016年第11期。

[45]王海龙、和法清、王宁:《信息产业模块化与产业创新协同发展实证分析》,《科学学与科学技术管理》2014年第9期。

[46]王季云:《模块化视角的"科研—标准—产业"同步发展模式研究——以武汉高新技术产业园光电子信息产业为例》,《经济管理》2015年第7期。

[47]王昆、黎晓:《垂直专业化分工抑制了我国的全要素生产率吗?——来自省级面板数据的证据》,《创新中国》2017年第8期。

[48]王瑜、任浩:《模块化组织价值创新:路径及其演化》,《科研管理》2014年第1期。

[49]王瑜、任浩:《模块化组织价值创新:内涵与本质》,《科学学研究》2014年第2期。

[50]汪建成、毛蕴诗、邱楠:《由OEM到ODM再到OBM的自主创新与国际化路径——格兰仕技术能力构建与企业升级案例研究》,《管理世界》2008年第6期。

[51]武建龙、王宏起:《战略性新兴产业突破性技术创新路径研究——基于模块化视角》,《科学学研究》2014年第4期。

[52]武建龙、王宏起、李力:《模块化动态背景下我国新兴产业技术创新机会、困境与突破——基于我国手机产业技术创新演变史的考察》,《科学学与科学技术管理》2014年第6期。

[53]吴丰华、刘瑞明:《产业升级与自主创新能力构建——基于中国省际面板数据的实证研究》,《中国工业经济》2013年第5期。

[54]吴昀桥:《模块化组织中核心企业驱动因素研究》,《科技进步与对策》2014年第5期。

[55]吴昀桥:《模块化组织中核心企业核心能力体系研究》,《科技进步与对策》2016年第21期。

[56]谢卫红、王永健、蓝海林、李颖:《产品模块化对企业竞争优势的影响机理研究》,《管理学报》2014年第4期。

[57]徐康宁、冯伟:《基于本土市场规模的内生化产业升级:技术创新的第三条道路》,《中国工业经济》2010年第11期。

[58]徐娜娜、彭正银:《本土产品开发能力、创新网络与后发企业逆向创新的案例研究》,《研究与发展管理》2017年第5期。

[59]杨水利、易正广、李韬奋:《基于再集成的"低端锁定"突破路径研究》,《中国工业经济》2014年第6期。

［60］易秋平、刘友金、向国成：《基于超边际分析的产品模块化及其集群内生演进机理研究》，《湖南科技大学学报（社会科学版）》2016 年第 1 期。

［61］尹小平、孙小明：《丰田公司模块化生产网络中信息生态系统的形成条件与机制》，《现代日本经济》2017 年第 1 期。

［62］余维新、顾新、万君：《企业创新网络知识分工机理及实现方式》，《中国科技论坛》2017 年第 2 期。

［63］于明超、陈柳：《垂直专业化与中国企业技术创新》，《当代经济科学》2011 年第 1 期。

［64］于伟、倪慧君：《基于模块化的高技术产业集群治理和升级机制分析》，《宏观经济研究》2010 年第 8 期。

［65］张会清、唐海燕：《产品内国际分工与中国制造业技术升级》，《世界经济研究》2011 年第 6 期。

［66］张其仔：《比较优势的演化与中国产业升级路径的选择》，《中国工业经济》2008 年第 9 期。

［67］张其仔：《模块化、产业内分工与经济增长方式转变》，社会科学文献出版社2008 年版。

［68］张少军、刘志彪：《全球价值链模式的产业转移——动力、影响与对中国产业升级和区域协调发展的启示》，《中国工业经济》2009 年第 11 期。

［69］张祥建、钟军委：《模块化产业网络：技术进步与价值整合研究》，《科技进步与对策》2015 年第 10 期。

［70］张琰：《模块化网络状产业链中知识创新理论模型研究》，《华东师范大学学报（哲学社会科学版）》2012 年第 3 期。

［71］赵运平、綦良群：《基于竞合的产业集群技术创新系统机理分析》，《系统科学学报》2016 年第 1 期。

［72］周彩红：《产业价值链提升路径的理论与实证研究——以长三角制造业为例》，《中国软科学》2009 年第 7 期。

［73］周勤、周绍东：《产品内分工与产品建构陷阱：中国本土企业的困境与对策》，《中国工业经济》2009 年第 8 期。

［74］朱卫平、陈林：《产业升级的内涵与模式研究——以广东产业升级为例》，《经济学家》2011 年第 2 期。

［75］Aitken, B. J., Harrison, A. E., "Do Domestic Firms Benefit from Direct Foreign Investment? Evidence from Venezuela", *The American Economic Review*, Vol. 89, No. 3, 1999.

[76] Amador, J., Cabral, S., "Vertical Specialization across the World: A Relative Measure", *The North American Journal of Economics and Finance*, Vol. 20, No. 3, 2009.

[77] Amighini, A., "China in the International Fragmentation of Production: Evidence from the ICT Industry", *The European Journal of Comparative Economics*, Vol. 2, No. 2, 2005.

[78] Antonelli, C., *Localized Technological Change towards the Economics of Complexity*, London: Routledge, 2008.

[79] Antonioli, D., Mazzanti, M., Pini, P., "Productivity, Innovation Strategies and Industrial Relations in SMEs: Empirical Evidence for a Local Production System in Northern Italy", *International Review of Applied Economics*, Vol. 24, No. 4, 2010.

[80] Aoki, M., Takizawa, H., "Information, Incentives and Option Value: The Silicon Valley Model", *Journal of Comparative Economics*, Vol. 30, 2002.

[81] Baldwin, C. Y., Clark, K. B., "Managing in an Age of Modularity", *Harvard Business Review*, Vol. 75, No. 5, 1997.

[82] Baldwin, C. Y., Clark, K. B., *Design Rules: the Power of Modularity*, Cambridge, MA: MIT Press, 2000.

[83] Baldwin, C.Y., Clark, K.B., *Architectural Innovation and Dynamic Competition: The Smaller Footprint Strategy*, Boston, MA: Harvard Business School, 2006.

[84] Benner, M. J., Tushman, M. L., "Exploitation, Exploration, and Process Management: The Productivity Dilemma Revisited", *Academy of Management Review*, Vol. 28, No. 2, 2003.

[85] Bergman, E.M., *Industrial Cluster Sustainability at Austria's Accession Edge: Better or Worse than Regional Sustainability*, *Environment and Sustainable Development in the New Central Europe: Austria and Its Neighbors*, Minneapolis, M.N., USA, September, 2002.

[86] Blalock, G., Gertler, P., "Learning from Exporting Revisited in a Less Developed Setting", *Journal of Development Economics*, Vol. 75, No. 2, 2004.

[87] Blind, K., "The Influence of Regulations on Innovation: A Quantitative Assessment for OECD Countries", *Research Policy*, Vol. 41, No. 2, 2012.

[88] Bogliacino, F., Pianta, M., "Engines of Growth: Innovation and Productivity in Industry Groups", *Structural Change & Economic Dynamics*, Vol. 22, No. 1, 2011.

[89] Bunduchi, R., Weisshaar, C., Smart, A. U., "Mapping the Benefits and Costs Associated with Process Innovation: The Case of RFID Adoption", *Technovation*, Vol. 31, No. 9, 2011.

[90] Cabigiosu, A., Camuffo, A., "Beyond the Mirroring Hypothesis: Product Modularity and Interorganizational Relations in the Air Conditioning Industry", *Organization Science*, Vol. 23, No. 3, 2012.

[91] Cacciatori, E., Jacobides, M. G., "The Dynamic Limits of Specialization: Vertical Integration Reconsidered", *Organization Studies*, Vol. 26, No. 12, 2005.

[92] Cardamone, P., "The Role of R&D Spillovers in Product and Process Innovation", *Applied Economics Letters*, Vol. 17, No. 5, 2010.

[93] Castellacci, F., "Closing the Technology Gap?", *Review of Development Economics*, Vol. 15, No. 1, 2011.

[94] Chen, K., Guan, J., "Mapping the Innovation Production Process from Accumulative Advantage to Economic Outcomes: A Path Modeling Approach", *Technovation*, Vol. 31, No. 7, 2011.

[95] Chen, D., Li-Hua, R., "Modes of Technological Leapfrogging: Five Case Studies from China", *Journal of Engineering & Technology Management*, Vol. 28, No. 1/2, 2011.

[96] Chesbrough, H. W., *Open Innovation: The New Imperative for Creating and Profiting from Technology*, Harvard Business School Press, 2003.

[97] Cheung, K. Y., "Spillover Effects of Foreign Direct Investment via Exports on Innovation Performance of China's High-technology Industries", *Journal of Contemporary China*, Vol. 19, No. 65, 2010.

[98] Chiesa, V., Frattini, F., "Commercializing Technological Innovation: Learning from Failures in High-tech Markets", *Journal of Product Innovation Management*, Vol. 28, No. 4, 2011.

[99] Crespi, G., Zuniga, P., "Innovation and Productivity: Evidence from Six Latin American Countries", *World Development*, Vol. 40, No. 2, 2012.

[100] Dantas, E., "The Evolution of the Knowledge Accumulation Function in the Formation of the Brazilian Biofuels Innovation System", *International Journal of Technology & Globalisation*, Vol. 5, No. 3/4, 2011.

[101] Davies, A., Brady, T., "Organizational Capabilities and Learning in Complex Product Systems: Towards Repeatable Solutions", *Research Policy*, Vol. 29, 2000.

[102] Djankov, S., Hoekman, B., "Foreign Investment and Productivity Growth in Czech Enterprises", *World Bank Economic Review*, Vol. 14, No. 1, 2000.

[103] Egger, H., Kreickemeier, U., "International Fragmentation: Boon or Bane for

Domestic Employment?", *European Economic Review*, Vol. 52, No. 1, 2008.

[104] Ernst, D., Linsu, K., "Global Production Networks, Knowledge Diffusion, and Local Capability Formation", *Research Policy*, Vol. 31, No. 8/9, 2002.

[105] Ernst, D., "Late Innovation Strategies in Asian Electronics Industries—A Conceptual Framework and Illustrative Evidence", Prepared for the Special Issue of Oxford Development Studies in Honor of Linsu Kim, 2004.

[106] Ernst, D., Martin, G., "Co-evolution of Technical Modularity and Organizational Integration—The Case of 'System – on – chip' Design", Manuscript, East – West – Center, Honolulu, 2004.

[107] Ernst, D., "Complexity and Internationalisation of Innovation: Why is Chip Design Moving to Asia?", *International Journal of Innovation Management*, Vol. 9, No. 1, 2005.

[108] Ernst, D., "Beyond the 'Global Factory' Model: Innovative Capabilities for Upgrading China's IT Industry", *International Journal of Technology and Globalization*, Vol. 3, No. 4, 2007.

[109] Ethiraj, S. K., Levinthal, D., "Modularity and Innovation in Complex Systems", *Management Science*, Vol. 50, No. 2, 2004.

[110] Evangelista, R., Vezzani, A., "The Economic Impact of Technological and Organizational Innovations: A Firm-level Analysis", *Research Policy*, Vol. 39, No. 10, 2010.

[111] Fabrizio, K. R., Thomas, L. G., "The Impact of Local Demand on Innovation in a Global Industry", *Strategic Management Journal*, Vol. 33, No. 1, 2012.

[112] Falk, M., "The Relationship between Foreign Direct Investment through Backward Linkages and Technological Innovation of Local Firms: Evidence for Emerging Economics", *Eastern European Economics*, Vol. 53, No. 5, 2015.

[113] Fu, X., Gong, Y., "Indigenous and Foreign Innovation Effects and Drivers of Technological Upgrading: Evidence from China", *World Development*, Vol. 39, No. 7, 2011.

[114] Fu, X., Pietrobelli, C., Soete, L., "The Role of Foreign Technology and Indigenous Innovation in the Emerging Economy: Technological Change and Catching – up", *World Development*, Vol. 39, No. 7, 2011.

[115] Gawer, A., Cusumano, M. A., *Platform Leadership: How Intel, Microsoft and Cisco Drive Industry Innovation*, Boston, MA: Harvard Business School Press, 2002.

[116] Gereffi, G., Kaplinsky, R., "The Value of Value Chains", *IDS Bulletin*, Vol. 32,

No. 3,2001.

[117] Gereffi, G., Humphrey, J., Sturgeon, T., "The Governance of Global Value Chains", *Review of International Political Economy*, Vol. 12, No. 1, 2005.

[118] Gomes, C. M., Kruglianskas, I., Scherer, F. L., "Analysis of the Relationship between Practices of Managing External Sources of Technology Information and Indicators of Innovative Performance ", *International Journal of Innovation Management*, Vol. 15, No. 4, 2011.

[119] Gorg, H., Hanley, A., "Does Outsourcing Increase Profitability?", *Iza Discussion Papers*, Vol. 35, 2004.

[120] Hausmann, R., Klinger, B., " Structural Transformation and Patterns of Comparative Advantage in the Product Space ", Cambridge: Center for International Development, No. 128, 2006.

[121] Hausmann, R., Klinger, B., " The Structure of the Product Space and the Evolution of Comparative Advantage", Cambridge: Center for International Development, No. 146, 2007.

[122] Henderson, R. M., Clark, K. B., "Architectural Innovation: The Reconfiguration of Existing Systems and the Failure of Established Firms", *Administrative Science Quarterly*, Vol. 35, No. 1, 1990.

[123] Hillman, K., Nilsson, M., Rickne, A., Magnusson, T., " Fostering Sustainable Technologies: A Framework for Analysing the Governance of Innovation Systems", *Science & Public Policy*, Vol. 38, No. 5, 2011.

[124] Ho, J. C., Liu, H. Y., Lee, C. S., " Technology Evaluation Process and Its Influential Strategic Factors: Cases in Taiwan's Semiconductor Sector", *Technology Analysis & Strategic Management*, Vol. 23, No. 9, 2011.

[125] Hu, M., "Technological Innovation Capabilities in the Thin Film Transistor – Liquid Crystal Display Industries of Japan, Korea, and Taiwan", *Research Policy*, Vol. 41, No. 3, 2012.

[126] Hu, M., Wu, C., " Exploring Technological Innovation Trajectories through Latecomers: Evidence from Taiwan's Bicycle Industry", *Technology Analysis & Straetgic Management*, Vol. 23, No. 4, 2011.

[127] Hu, Z., Zheng, J., Wang, J., "Impact of Industrial Linkages on Firm Performance in Development Zones", *Chinese Economy*, Vol. 44, No. 2, 2011.

［128］Huang, H., "Technological Innovation Capability Creation Potential of Open Innovation: A Cross-level Analysis in the Biotechnology Industry", *Technology Analysis & Strategic Management*, Vol. 23, No. 1, 2011.

［129］Huang, Y. F., Chen, C. J., "The Impact of Technological Diversity and Organizational Slack on Innovation", *Technovation*, Vol. 30, No. 7/8, 2010.

［130］Huergo, E., Moreno, L., "Does History Matter for the Relationship between R&D, Innovation, and Productivity?", *Industrial & Corporate Change*, Vol. 20, No. 5, 2011.

［131］Hummels, D., Ishii J., Yi K., "The Nature and Growth of Vertical Specialization in World Trade", *Journal of International Economics*, Vol. 54, No. 1, 2001.

［132］Javorcik, B. S., "Does Foreign Direct Investment Increase the Productivity of Domestic Firm? In Search of Spillovers through Backward Linkage", *American Economic Review*, Vol. 94, No. 3, 2004.

［133］Jeon, Y., Park, B. I., Ghauri, P N., "Foreign Direct Investment Spillover Effects in China: Are They Different across Industries with Different Technological Levels?", *China Economic Review*, Vol. 26, No. 9, 2013.

［134］Johnson, J. P., "Open Source Software: Private Provision of a Public Good", *Journal of Economics and Management Strategy*, Vol. 11, No. 4, 2002.

［135］Kaplinsky, R., "Globalization and Unequalisation: What Can be Learned from Value Chain Analysis", *Journal of Development Studies*, Vol. 37, No. 2, 2000.

［136］Kaplinsky, R., "Schumacher Meets Schumpeter: Appropriate Technology below the Radar", *Research Policy*, Vol. 40, No. 2, 2011.

［137］Karo, E., Kattel, R., "Should 'Open Innovation' Change Innovation Policy Thinking in Catching-up Economies? Considerations for Policy Analyses", *Innovation: The European Journal of Social Sciences*, Vol. 24, No. 1/2, 2011.

［138］Kaufmann, A., Todting, F., "Systems of Innovation in Traditional Industrial Regions: The Case of Styria in a Comparative Perspective", *European Planning Studies*, Vol. 8, No. 4, 2000.

［139］Kaul, A., "Technology and Corporate Scope: Firm and Rival Innovation as Antecedents of Coporate Transactions", *Strategic Management Journal*, Vol. 33, No. 4, 2012.

［140］Konings, J., "The Effects of Foreign Direct Investment on Domestic Firms: Evidence from Firm-level Panel Data in Emerging Economies", *Economics of Transition*, Vol. 9, No. 3, 2001.

［141］Koschatzky, K., "A River is a River－cross－border Networking between Badan and Alsace", *European Planning Studies*, Vol. 8, No. 4, 2000.

［142］Kraemer, K. L., Linden, G., Dedrick, J., "Capturing Value in Global Networks: Apple's Ipad and Iphone", CISE/IIS Working Paper, 2011.

［143］Kumar, N., *Globalization and the Quality of Foreign Direct Investment*, New Delhi: Oxford University Press, 2002.

［144］Kyläheiko, K., Jantunen, A., Puumalainen, K., Saarenketo, S., Tuppura, A., "Innovation and Internationalization as Growth Strategies: The Role of Technological Capabilities and Appropriability", *International Business Review*, Vol. 20, No. 5, 2011.

［145］Langlois, R. N., "Modularity in Technology and Organization", *Journal of Economic Behavior and Organization*, Vol. 49, No. 1, 2002.

［146］Lileeva, A., "The Benefits to Domestically Owned Plants from Inward Direct Investment: The Role of Vertical Linkage", *Canadian Journal of Economics*, Vol. 43, No. 2, 2010.

［147］Lin, J., "Incumbent Firm Invention in Emerging Fields: Evidence from the Semiconductor Industry", *Strategic Management Journal*, Vol. 32, No. 1, 2011.

［148］Lin, H., Lin, E. S., "Foreign Direct Investment, Trade, and Product Innovation: Theory and Evidence", *Southern Economic Journal*, Vol. 77, No. 2, 2010.

［149］Lin, G. C. S., Wang, C. C., Zhou, Y., Sun, Y., Wei, Y. D., "Placing Technological Innovation in Globalising China: Production Linkage, Knowledge Exchange and Innovative Performance of the ICT Industry in a Developing Economy", *Urban Studies* (Sage Publications, Ltd.), Vol. 48, No. 14, 2011.

［150］Lindgren, L. M., O'Connor, G. C., "The Role of Future－market Focus in the Early Stages of NPD across Varying Levels of Innovativeness", *Journal of Product Innovation Management*, Vol. 28, No. 5, 2011.

［151］Liu, Z., "Foreign Direct Investment and Technology Spillover: Evidence from China", *Journal of Comparative Economics*, Vol. 30, No. 3, 2002.

［152］Luethje, B., "Electronics Contract Manufacturing: Global Production and the International Division of Labor in the Age of the Internet", *Industry and Innovation*, Special Issue "Global Production Networks", Vol. 9, No. 3, 2002.

［153］Madhok, A., Osegowitsch, T., "The International Biotechnology Industry: A Dynamic Capabilities Perspective", *Journal of International Business Studies*, Vol. 31,

No. 2,2000.

[154]Memedovic,O.,"Inserting Local Industries into Global Value Chains and Global Production Networks",UNIDO Working Paper,2004.

[155]Menon,S.,"Linking Generativity and Disruptive Innovation to Conceptualize ICTs",*Internet Research*,Vol. 21,No. 3,2011.

[156]Messner,D.,Meyer-Stamer,J.,"Governance and Networks:Tools to Study the Dynamics of Clusters and Global Value Chains",Paper for the IDS/INEF project,2000.

[157]Miozzo,M.,Grimshaw,D.,"Modularity and Innovationin Knowledge-intensive Business Services:IT Outsourcing in Germany and the UK",*Research Policy*,Vol. 34, No. 9,2005.

[158]Mishra,A. N.,Agarwal,R.,"Technological Frames,Organizational Capabilities, and IT Use:An Empirical Investigation of Electronic Procurement",*Information Systems Research*,Vol. 21,No. 2,2010.

[159]Nieto,M. J.,Rodríguez,A.,"Offshoring of R&D:Looking Abroad to Improve Innovation Performance",*Journal of International Business Studies*,Vol. 42,No. 3,2011.

[160] Papaioannou,T.,"Technological Innovation,Global Justice and Politics of Development",*Progress in Development Studies*,Vol. 11,No. 4,2011.

[161]Patrucco,P. P.,"Changing Network Structure in the Organization of Knowledge: The Innovation Platform in the Evidence of the Automobile System in Turin",*Economics of Innovation & New Technology*,Vol. 20,No. 5,2011.

[162] Petroni,G.,Venturini,K.,Verbano,C.,"Open Innovation and New Issues in R&D Organization and Personnel Management",*International Journal of Human Resource Management*,Vol. 23,No. 1,2012.

[163]Pil,F. K.,Cohen,S. K.,"Modularity:Implications for Imitation,Innovation,and Sustained Advantage",*Academy of Management Review*,Vol. 31,No. 4,2006.

[164]Quelin,B.,"Core Competencies,R&D Management and Partnerships",*European Management Journal*,Vol. 18,No. 5,2000.

[165] Quinn,J. B.,"Outsourcing Innovation:The New Engine of Growth",*Sloan Management Review*,Vol. 41,No. 4,2000.

[166] Rasiah,R.,"Are Electronics Firms in Malaysia Catching Up in the Technology Ladder?",*Journal of the Asia Pacific Economy*,Vol. 15,No. 3,2010.

[167] Raymond,L.,St-Pierre,J.,"R&D as a Determinant of Innovation in

Manufacturing SMEs: An Attempt at Empirical Clarification", *Technovation*, Vol. 30, No. 1, 2010.

[168] Rodrik, D., "What's so Special about China's Exports", NBER Working Paper No. 11947, 2006.

[169] Sabel, C. F., Zeitlin, J., " Neither Modularity nor Relational Contracting: Inter-firm Collaboration in the New Economy", *Enterprise and Society*, Vol. 5, No. 3, 2004.

[170] Salvador, F., "Toward a Product System Modularity Construct: Literature Review and Reconceptualization ", *IEEE Transactions on Engineering Management*, Vol. 54, No. 2, 2007.

[171] Sanchez, R., " Modular Architectures, Knowledge Assets, and Organizational Learning: New Management Processes for Product Creation ", *International Journal of Technology Management*, Vol. 19, No. 6, 2000.

[172] Sanchez, R., Collins, R. P., "Competing - and Learning - in Modular Markets", *LongRange Planning*, Vol. 34, No. 6, 2001.

[173] Santos-Paulino, A.U., "Export Productivity and Specialisation: A Disaggregated Analysis", *World Economy*, Vol. 33, No. 9, 2010.

[174] Sapp, J., *Concepts of Symbogensis*, New Haven: Yale University Press, 1994.

[175] Schilling, M. A., "Towards a General Modular Systems Theory and Its Application to Inter-firm Product Modularity", *Academy of Management Review*, Vol. 25, No. 2, 2000.

[176] Schilling, M. A., "The Use of Modular Organizations Forms and Industry Level Analysis", *Academy of Management Journal*, Vol. 44, No. 6, 2001.

[177] Schmitz, H., Knorringa, P., " Learning from Global Buyers ", *Journal of Development Studies*, Vol. 137, No. 2, 2000.

[178] Smith, W. K., Tushman, M. L., " Managing Strategic Contradictions: A Top Management Model for Managing Innovation Streams", *Organization Science*, Vol. 16, 2005.

[179] Soh, P. H., "Network Patterns and Competitive Advantage before the Emergence of a Dominant Design", *Strategic Management Journal*, Vol. 31, No. 4, 2010.

[180] Sosa, M. E., Eppinger, S. D., Rowles, C. M., "Identifying Modular and Integrative Systems and Their Impact on Design Team Interactions", *Journal of Mechanical Design*, Vol. 125, No. 2, 2003.

[181] Srivastava, M. K., Gnyawali, D. R., " When Do Relational Resources Matter? Leveraging Portfolio Technological Resources for Breakthrough Innovation ", *Academy of*

Management Journal, Vol. 54, No. 4, 2011.

[182] Staudenmayer, N., Tripsas, M., Tucci, C. L., "Interfirm Modularity and Its Implications for Product Development", *Journal of Product Innovation Management*, Vol. 22, No. 4, 2005.

[183] Sturgeon, T., "Modular Production Networks: A New American Model of Industrial Organization", *Industrial and Corporate Change*, Vol. 11, No. 3, 2002.

[184] Sun, Y., Du, D., "Determinants of Industrial Innovation in China: Evidence from Its Recent Economic Census", *Technovation*, Vol. 30, No. 9/10, 2010.

[185] Sun, Y., Du, D., "Domestic Firm Innovation and Networking with Foreign Firms in China's ICT Industry", *Environment & Planning A*, Vol. 43, No. 4, 2011.

[186] Tao, L., Probert, D., Phaal, R., "Towards an Integrated Framework for Managing the Process of Innovation", *R&D Management*, Vol. 40, No. 1, 2010.

[187] Thrane, S., Blaabjerg, S., Møller, R. H., "Innovative Path Dependence: Making Sense of Product and Service Innovation in Path Dependent Innovation Processes", *Research Policy*, Vol. 39, No. 7, 2010.

[188] Tiwana, A., "Does Technological Modularity Substitute for Control? A Study of Alliance Performance in Software Outsourcing", *Strategic Management Journal*, Vol. 29, No. 7, 2008.

[189] Van, Hove J., "Variety and Quality in Intra-European Manufacturing Trade: The Impact of Innovation and Technological Spillovers", *Journal of Economic Policy Reform*, Vol. 13, No. 1, 2010.

[190] Wang, C. C., Lin, G. C. S., Li, G., "Industrial Clustering and Technological Innovation in China: New Evidence from the ICT Industry in Shenzhen", *Environment & Planning A*, Vol. 42, No. 8, 2010.

[191] Wieczorek, A. J., Hekkert, M. P., "Systemic Instruments for Systemic Innovation Problems: A Framework for Policy Makers and Innovation Scholars", *Science & Public Policy*, Vol. 39, No. 1, 2012.

[192] Wu, J., "Technological Collaboration in Product Innovation: The Role of Market Competition and Sectoral Technological Intensity", *Research Policy*, Vol. 41, No. 2, 2012.

[193] Yam, R. C. M., Lo, W., Tang, E. P. Y., Lau, A. K. W., "Analysis of Sources of Innovation, Technological Innovation Capabilities, and Performance: An Empirical Study of Hong Kong Manufacturing Industries", *Research Policy*, Vol. 40, No. 3, 2011.

[194] Yu, D., Hang, C. C., "Creating Technology Candidates for Disruptive Innovation: Generally Applicable R&D Strategies", *Technovation*, Vol. 31, No. 8, 2011.

[195] Yudaeva, K., Kozlov, K., Melentieva, N., Ponomareva, N., "Does Foreign Ownership Matter? Russian Experience", *Economics of Transition*, Vol. 11, No. 3, 2003.

[196] Zeleny, M., "High Technology and Barriers to Innovation: From Globalization to Relocalization", *International Journal of Information Technology & Decision Making*, Vol. 11, No. 2, 2012.

[197] Zhang, G., Gao, R. Y., "Modularity and Incremental Innovation: The Roles of Design Rules and Organizational Communication", *Computational Mathematical Organization Theory*, Vol. 16, No. 2, 2010.

后　　记

蓦然回首,距初次接触模块化理论之时,已有 11 载。2010 年,若论 GDP 总量,中国相当于美国的 40.6%,2020 年,这一比例上升至 70.4%,相信这一比例还会继续上升。与此同时,2020 年,中国人均 GDP 将近 1.1 万美元,美国人均 GDP 约为 6.34 万美元。显而易见,中美两国经济差距在近十年里一直在缩小,这其中不可避免地提到技术创新的作用。产品竞争的最高级层面是复杂产品的竞争,复杂产品竞争的实质是技术复杂度的较量,技术复杂度的提升源自基础研究,而非应用研究或试验发展。不得不说,中国在技术复杂度方面与发达国家之间存在一定的差距,一个至关重要的原因是基础研究的不足。

如果简单地将技术创新区分为原始创新和模仿创新,基础研究产生的成果对应着原始创新的知识准备。中国当前面对的创新驱动发展问题,与其说是增大原始创新比例,不如说是如何构建模仿创新导向原始创新的路径。1955 年,瑞士科学家研制出了第一块电子手表,然而,如今电子手表产业基本上掌控在卡西欧、西铁城、精工等日本企业手中。无独有偶,1975 年,柯达实验室诞生了世界上第一台数码相机,但是目前耳熟能详的数码相机品牌大多来自尼康、佳能、索尼等日本企业。

就现实而言,大多数中国企业的创新路径难以逾越模仿创新。尤其在复杂产品设计与制造方面,相当一部分中国企业可以在具备一定竞争优势的前提下,以不同的角色融入复杂产品的模块化分工网络,找到属于自己的价值节点,当然,其中一些企业完全有能力成为所处价值网络的核心企业。

创新驱动发展并非权宜之计,而是长久之道。中国现阶段的技术追赶策略是对标发达国家的先进技术,即使我们占据了某些先进技术的制高点,也会有更多的原始创新需要去探索和突破。

衷心感谢西北大学副校长、经济管理学院院长吴振磊教授对本书出版给予的大力支持!十分感谢人民出版社经济与管理编辑部主任郑海燕编审为本书编辑和出版所付出的辛勤劳动!

书中参考和引用了不少文献,已经尽可能地作出了标注,如有遗漏之处,还请谅解并告知,感谢书中参考文献的各位作者!

最后要谢谢我的家人,包括我的父母、妻子和女儿,家人一点一滴的牵挂和无微不至的关心是我工作和生活的最大动力!

2021 年 8 月 21 日

于西北大学长安校区

策划编辑：郑海燕
责任编辑：张　蕾
封面设计：石笑梦
版式设计：胡欣欣
责任校对：周晓东

图书在版编目（CIP）数据

模块化创新推动中国制造业升级的机制与路径/白嘉 著. —北京：人民出版社，
　2022.5
ISBN 978－7－01－024594－2

Ⅰ.①模…　Ⅱ.①白…　Ⅲ.①制造工业-产业结构升级-研究-中国
　Ⅳ.①F426.4

中国版本图书馆 CIP 数据核字（2022）第 034811 号

模块化创新推动中国制造业升级的机制与路径
MOKUAIHUA CHUANGXIN TUIDONG ZHONGGUO ZHIZAOYE SHENGJI DE JIZHI YU LUJING

白嘉　著

人民出版社 出版发行
（100706　北京市东城区隆福寺街 99 号）

中煤（北京）印务有限公司印刷　新华书店经销

2022 年 5 月第 1 版　2022 年 5 月北京第 1 次印刷
开本：710 毫米×1000 毫米 1/16　印张：13
字数：184 千字

ISBN 978－7－01－024594－2　定价：68.00 元

邮购地址　100706　北京市东城区隆福寺街 99 号
人民东方图书销售中心　电话（010）65250042　65289539